博客：http://blog.sina.com.cn/biwpcpsy
微博：http://weibo.com/wpcpsy

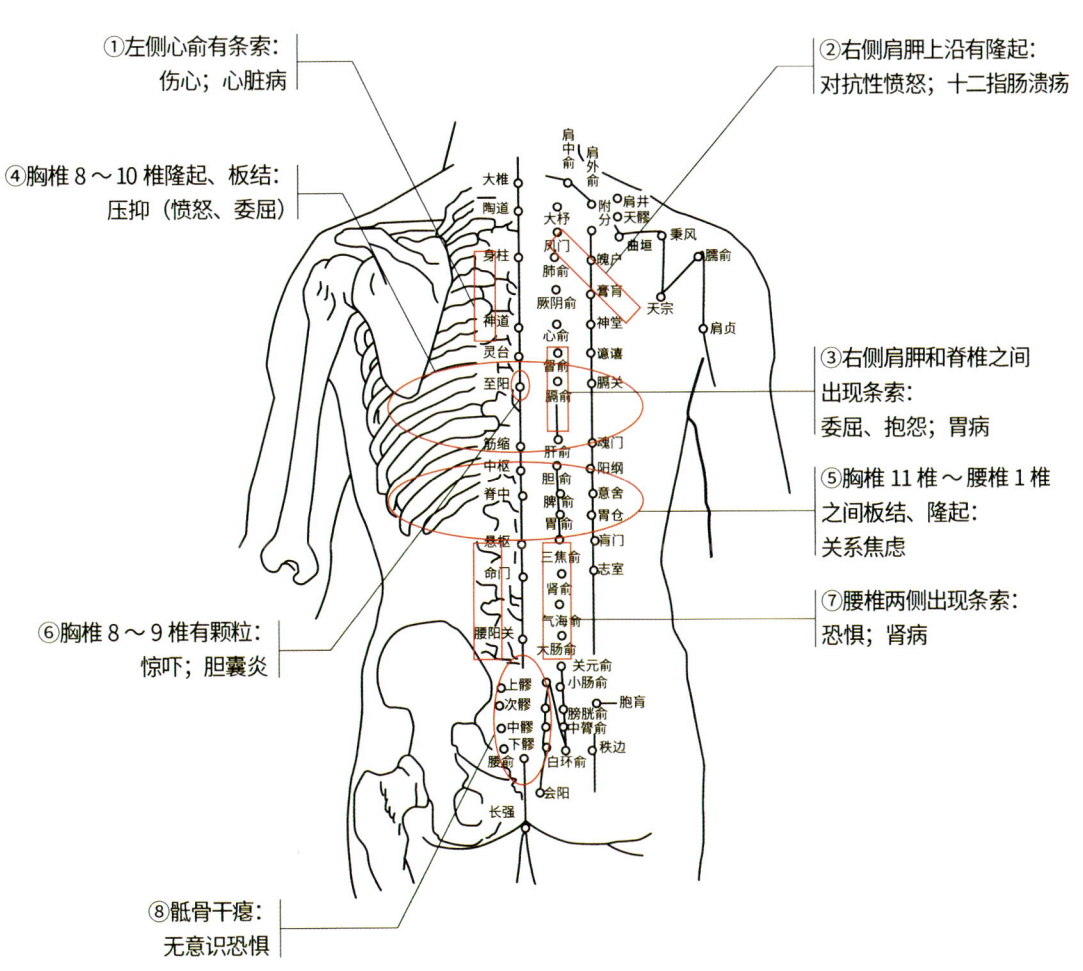

背部图：典型情绪与潜在疾病

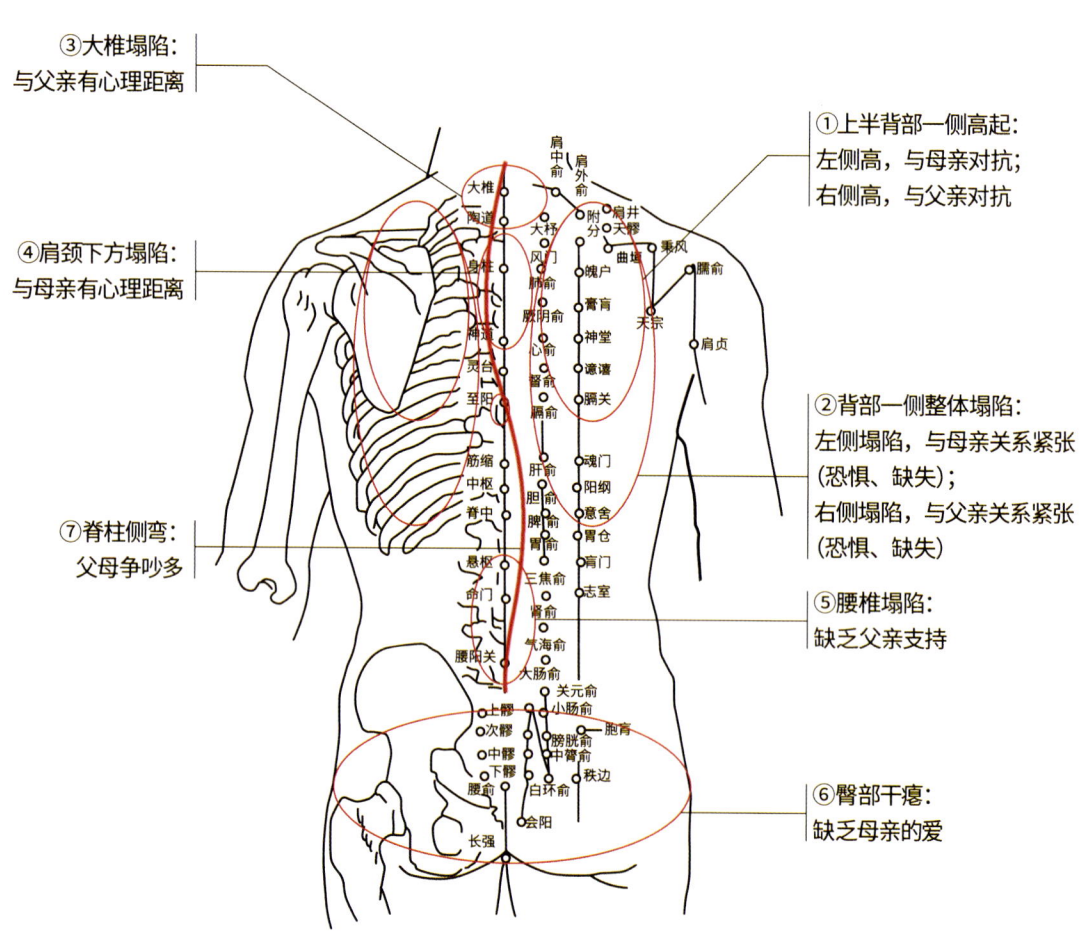

背部图：家庭关系

脊椎告诉你的健康秘密

身心柔软与平衡的智慧（修订本）

肖然 著

世界图书出版公司
北京·广州·上海·西安

图书在版编目（CIP）数据

脊椎告诉你的健康秘密：身心柔软与平衡的智慧 / 肖然著. —修订本. —北京：世界图书出版公司北京公司，2016.11（2024.8重印）
ISBN 978-7-5192-2157-7

Ⅰ.①脊… Ⅱ.①肖… Ⅲ.①心理学—通俗读物 Ⅳ.①B84

中国版本图书馆CIP数据核字（2016）第282709号

著　　者：肖　然
策划编辑：李晓庆
责任编辑：李晓庆
装帧设计：刘　岩

出版发行：世界图书出版公司北京公司
地　　址：北京市东城区朝内大街137号
邮　　编：100010
电　　话：010-64038355（发行）　64015580（客服）　64033507（总编室）
网　　址：http://www.wpcbj.com.cn
销　　售：新华书店
印　　刷：三河市国英印务有限公司
开　　本：787 mm × 1092 mm　1/16
印　　张：18.5
字　　数：188千
版　　次：2017年1月第3版　2024年8月第16次印刷
定　　价：48.00元

版权所有　翻印必究
（如发现印装质量问题，请与本公司联系调换）

序一

一口气读完了肖然老师的书,我合上书页,一个高大闪光的人格形象从心底油然升起。我在书中虽未读到肖然老师发大愿救赎苦难众生的语句,但却真实地感受到他的道德观:视每一个求治者为自己的亲人,无条件地积极关注每一个人,竭尽全力,忘我地帮助他们恢复身心健康。书中叙述的案例仿佛一个个鲜活的生命跃然纸上,令人有时震撼,有时荡气回肠,有时牵肠挂肚。读到动情之处,我不觉潸然泪下。

肖然老师的书为我们打开了一个新的视野。他将传统的中医与西方的心理治疗相结合,创立了新颖的疗法,也形成了全新的"身体观""疾病观""身心能量观""家庭五行观""新冰山理论"

等观念。

在"身体观"中，肖然老师倡导"柔软的智慧"为"身体之钥"，而非有些人设想的那样，把自己锻炼成"钢筋铁骨"才能够叱咤风云。

在"疾病观"中，肖然老师写道："我认为疾病只是一种形式，每一种疾病就代表着一种信息。对抗这些疾病，就是把它们看作我们的敌人。而当我们看清这些疾病后，就会发现，其实它们是我们的朋友。它们在告诉我们有一些过去的事情没有完成，有一些事情需要处理。它们只是在提醒你，身体的某个地方需要你去照顾。"

在"身心能量观"中，肖然老师认为，人体是天地和合而成的，父精母卵结合形成生命的种子，带来身体最初的能量，身体能量不通是产生疾病的根本原因。

在"家庭五行观"中，肖然老师把《易经》《黄帝内经》中的阴阳五行与家庭结构对应，对此做了很好的诠释，并加入深入浅出的树根、树干、树冠理论，使人很容易理解。

在"新冰山理论"中，肖然老师在弗洛伊德理论的框架中填入不同的内容，将身心模式的不同侧面明晰地展示出来。

这些令人耳目一新的理论和观念是生存智慧的结晶，是在解除他人病痛中的感悟，并不是从某些书本上得来的。读者如果细细研读，或许也能在某种程度上改变人生轨迹，看到生命的新天地。

当前的心理治疗界，有一些人知道弗洛伊德、斯金纳、罗杰斯、萨提亚、海灵格等，却不知中国传统中医的"情志理论"就是心理治疗，而且也鲜有人致力于在中国传统中医的"情志理论"基础上发展中国的心理治疗学。西方的心理学的确博大精深，然而细品一下肖然老师的"中医心理学解密"，你会感到，"肖氏体系"不像弗洛伊德的精神分析那样扑朔迷离，它是看得见、摸得到的。肖然老师一摸你的身体，似乎就洞悉了你的人生经历。你在不同年龄段的情绪、创伤，你的家庭、你与家庭成员的关系就都在他的掌握中了。参加过培训班的学员目睹这一切后常不觉发出惊叹："太神奇了！"这都是肖然老师治疗过十多万个病人后得来的结果。

肖然老师的身心全息疗法（早年被称为身心能量整合疗法）的确立与普及是国人的福祉，因为广大民众再不会被排除在高文化阶层的精神分析式心理治疗之外了。真正走近大众的心理治疗，才是中国人需要的有中国特色的心理治疗。

希望肖然老师能够在身心全息疗法基础上发展出体系化的心理

治疗学派，能够培训更多的治疗师。将来这一真正中国的心理治疗学派必将与西方心理治疗学派并驾齐驱，为世界的心理治疗殿堂增加一件积淀着深厚中国传统的珍宝，并造福全人类。

张鸿懿

中国音乐治疗学会副理事长

中国音乐学院音乐治疗专业教授

序二

肖然老师打电话给我，让我给他的书写序。听到消息，一方面我很为他高兴，高兴他的新书出版，高兴能看到他这么多年行医助人的经验总结；另一方面，我又很惶恐，不知该如何写这个序，因为我对于他从事的领域实在是个门外汉。所以，从心底里，我更愿意做一个学习者，好好拜读他的作品，看看能学习到什么，能对我自己的工作有什么启发。

我是在一个偶然的机会认识肖老师的。几年前我报名参加了一个心理学的专业培训，因为有事耽搁，第二天下午才得以抽空参加。到得比较晚，我就随意在近门口的位置上坐下来听课。下课后，主办方跑来给我介绍坐在我旁边的人，这个人就是肖老师。通过介绍，我大致知道了他的一些情况：按摩专家、中医世家、诊疗高手,等等。学员中有很多人过去是,现在是乃至未来是他的客户(他在课间免费给学员诊病,所以等整个培训结束,更多人成了他的客户)。

但是,当时我有些奇怪:他为什么跑来听心理治疗?

后来,一来二往更熟悉了,他告诉我他在推拿诊疗时发现很多人的身体问题与心理有关,甚至有一些很特殊的关系,例如:在推拿某个过去曾受过某种心理创伤的人的脊柱某个部位时,肖老师就会感觉那个人那里有些问题,甚至那个不妥或不适部位和患者心理受创伤的年龄都有暗合。于是,有时他的治疗会变成这样:他按摩到病人的某个部位,感觉到了什么,就问病人:"你是不是××岁时经历过一些创伤?"然后病人就会很惊奇地问:"你怎么知道的?"或者病人一愣之后,开始抽泣乃至痛哭……

就这样,肖老师为了搞清楚身体疾病与感觉和心理的关系而开始学习心理学,学习心理咨询,渐渐地对身体和心理的对应关系有了更多的经验和想法。我想,这本书的问世,也是他这番努力的阶段性总结。

中医本来就和心理健康很有渊源,中医的情志说大抵也算得上是中国最早——如果撇去更早的巫术之类的东西的话——比较系统的心理健康学思想了。中医的情志说很早就对情绪和健康的关系进行了论述,并提出了相生相克理论,以解释情绪对身体疾病的影响并提出了治疗方法。实践证明，这些理论很有道理，且比西方出现得更早，只是那时没有用心理学的标签而已。

在当代心理学中，对于心理与身体关系的研究和应用也是一个很热门的方向。比如从早期的完形疗法，现在的以人本主义疗法为背景的聚焦疗法、内观技术、现代催眠技术、神经语言程式学技术等之中，我们可以看到心理治疗对身心关系的重视，有些理论、方法和技术甚至视之为核心，它们很重视利用身体给心理提供疗愈。

至于心理与行为、身体相互关联的观点，更是广受业界认可。比如在自序中作者写到的股骨头坏死的案例，如果从心理学精神分析学派的视角来进行分析，那么我们便会得出这样的结论：对自己身体健康的严重不重视的背后，往往潜藏着自我毁灭的内在驱力（求死的本能）；这种驱力是每个人都有的，但由于当事人出生在一个充满暴力的家庭，缺乏爱的滋润，生存环境质量低下，这让当事人在潜意识中有更为强烈的自我毁灭动机，他的潜意识的台词是："我是没有价值的人！我不配生活得很好！我不配生存下去！"所以，他不会好好爱惜自己，不会好好过自己的生活，非到最后自毁才罢休，因为"这才是我该有的命，你看，我早就知道"！潜意识的自我实现效应终于应验在自己身上了。

在我个人看来，这是一本很有趣的书，书里有大量生动鲜活的案例。作者对于案例的分析，也给人新的启发，其中的五行八卦、能量等理论和方法远超过我的知识积累。很期待作者未来能在这些方面有更多的实证积累和理论探索，在这条身心健康研究的道路上走得更扎实、更稳健、更长远。

作为朋友，我很高兴在此祝贺他的作品问世。

是为序。

叶斌

华东师范大学心理咨询中心主任

自序

总想写本书，一本能呼吸、能跳跃的书，它会有生命，有灵魂，并且能让我们用感知读懂。

很小的时候，我经常在野外凝望天空。天空会出现无数的变幻，尤其夜晚的天空更是深邃莫测，会把我的思绪带到一个我不知道的地方，让我迷茫，让我追问自己："我从哪里来？到哪里去？我到底是谁？"那时每想到这些，我就会觉得自己的身体在飘，觉得心在慢慢地扩大，变得空旷起来，自己也消失了。此时，我会很享受，这种消失是一种被分解、被融化的感觉，仿佛我和大自然没有了距离，仿佛那是生命的来源，也是生命的归宿。

一晃四十几年的时光过去了。回顾流逝的时光，穿越生命的轨迹，我才发现生命是一本书。

二十几年的从医经历让我透过病人们的身体，了解了上万人的人生历程，穿越了上万个生命的轨迹，也让我不得不写出这本书。它是生命和灵魂在时空中划出的痕迹，每个痕迹都能看到一个鲜活的生命，看到它的灵动和美丽。

记得十几岁的时候，父亲告诉我说："疾病是有生命的，每种疾病都是一个特别的生命。而且疾病就像人一样，世界上没有完全相同的两个人，也没有完全相同的两种疾病。"当时我不理解，觉得有很多疾病相同呀，因此持反对态度。带着质疑，我开始向父亲学习各种疾病的治疗方法。几年之后，回看所有接触过的病例，我发现，它们无一相同。不知不觉中，我重复了相同而不同的工作。当我试图用相同的方法对待不同的病例时，总有不同的收获。

我发现，每一种疾病都属于一个系统，它不会孤立地存在。比如，曾经有一段时间我治疗了很多腰椎间盘突出的病患，我发现，不同的年龄，即便是相同的症状、相同的病程，治疗起来也是不完全相同的；甚至即便是相同的年龄、相同的症状、相同的病程，治疗起来也不完全相同。原因在于，每个人都有不同的生活习惯和性格特质，有不同的人生经历和家庭环境。比如两个病患，症状、病程、年龄完全相同，而家庭环境不同，他们的愈后效果就会出现很大差异。如果家庭和睦，充满了温暖，就有可能出现一个良好的愈后效果；如果家庭充满了纠葛、冲突、分离，充满了火药味儿，则可能出现一个极其不满意的结果。同样，两个病患，虽然症状、年龄等方面相同，然而如果他们的性格迥异的话，那么治疗效果也会有很大的不同。例如，如果一个人脾气很急躁，那么这可能会给他的治疗带来很大的麻烦，如果再加上他的固执，治疗效果就很难显现；如果一个人性情温和、包容接纳，即使他的病比另外一些人严重一些，其愈后效果也会很理想。所以《黄帝内经》里有一句话，译后是这样的："没有治不了的病，却有治不了的人。"这也是我曾经很困惑的地方。

我曾遇到过这样一位病人，他出生在农村，弟兄六个，他排行第四，家庭环境以暴力为主，家庭文化几乎没有。在他家庭中有一条规矩，"不听话就会打你"，弟兄之间经常发生冲突。在他们的思想当中，暴力能解决一切。他们各自的婚姻也不稳定。他得了腰椎间盘突出症，不能行走，疼痛难忍。当他第一次来我的诊室时，我对他的印象是，外貌形态像黑社会老大。给他做完身体检查后，我告诉他："你的腰椎间盘突出症是着凉引起的。寒气客居在椎体两侧，造成椎体间隙缩小，椎间盘供氧量减少。在某种情况下，你的某个动作会使椎间盘受到挤压，脆化的椎间盘髓环因此而破裂，并对神经产生压迫。并且你的寒气是夏天侵入的。"他跟我说，他怕热，每到夏天，睡觉前都要在水泥地上铺上凉席，再倒上一瓢凉水，上面对着快速转动的电扇，旁边对着空调，这样才能睡觉。当我告诉他要改变这个习惯时,他居然眼睛一瞪,对我说:"你瞎说,这样会热死我的。"于是我告诉他:"你要不听我的,你的病是不会好的,你的病是着凉引起的,你的习惯是引发你的疾病的原因。如果你不改掉这个习惯,坚持这样下去,不但会引起椎间盘病变,而且将来股骨头也会出现病变,甚至会坏死。"他在我的诊室治疗了一段时间,腿疼症状消失后,就停止了治疗。六年之后,他的弟弟带着自家的孩子来找我看病,问我:"肖然,你是否说过我哥哥会得股骨头坏死?"我说:"是的,而且是双侧。"他弟弟说:"你完全说对了,我四哥得了双侧股骨头坏死,已经瘫痪了。" 我告诉这位弟弟,我为他四哥感到难过和遗憾,这样年轻而健康的身体,因为他四哥本人的不良习惯被毁坏了。我向这位弟弟问起他四哥的血压怎样,心脏如何。弟弟说他四哥的血压高,心脏也不好。我告诉这位弟弟,他四哥最需要的不是治病,而是改变自己的生活习惯和人生态度。多少年过去了,这个人给我留下了深刻的印象,我不知道是心痛,是怜惜,还是感慨……

也许一种疾病正是一个人的生活习惯和人生态度的体现。比如说:急躁的人就容易血压高,委屈的人就容易内分泌失调,焦虑的人就容易得皮肤病,心事重重的人就容易脾胃不和,忧伤的人就容易肺出问题。所以说,一个完整、健康的人格以及良好的生活习惯是我们一生当中最珍贵的财富。

我还遇到过这样一个案例。由于工作原因和对健康知识的不了解，他患了腰椎间盘突出症，瘫痪半年，下肢肌肉失用性萎缩，每天从早到晚都疼痛难忍，在床上只有用一个姿势才能使疼痛得到稍微缓解，那就是一条腿跪在床上，另一条腿伸在后面。我初次见到他时，他头发蓬乱，满脸胡须，面色憔悴，一脸焦急，左腿肌肉严重萎缩，但能运动，只是疼痛不能着地。每次家人用车带他到我的诊室门口，然后需要两个人驾着他，他才能进入诊室。我见他第一面的时候，就感觉他很忠厚正直，只是脾气暴躁。他老婆带着关切、焦急、温柔的眼神看着我，问我："我们还能好吗？"我肯定地告诉她："能好。"他有两个孩子，女儿12岁，儿子8岁。当妈妈因为忙于工作而无法带爸爸来看病时，两个孩子就用三轮车送父亲来我这里，蹬不动就推着走。虽然他的病情很重，但整个治疗过程中，他的家庭很和谐，家人对他很支持、接纳。在两个月的时间里，病人奇迹般地康复了。当他们全家含着眼泪来到我家向我道谢时，我感到的是民族文化的体现——温暖、质朴、诚实。我只说了一句话："你的病大部分是靠你自己治好的，我只为你做了一点点，我反倒要感谢你们对我的支持。我非常高兴，你们只是得到了健康，而我得到的是信任与接纳，甚至更多。"一晃十几年过去了，我们一直保持着联系，虽然联系很少，但我知道他们过得很幸福。一个和谐的家庭不但是我们幸福的保障，也是我们健康的保证。

一种疾病就是一种现象，现象的背后蕴藏着人生的经历、家庭的环境、情感的纠结、灵魂的碰撞。如果面对一种症状、一种现象时看不到一个系统，我不认为我是一个好的医生。健康是一项工程，改变是一次旅程，在我探索一个又一个生命的过程当中，我发现每一个生命都蕴藏着无数的秘密，藏在"海底"，而疾病正是这些秘密在海面上的浮现。我愿意和大家一起深入"海底"去探索这些秘密。

如果你细心地倾听，你会听到我们的身体在用不同的语言和我们说话，这种语言就是身体的语言。当你能听懂它时，你就读懂了我们的身体。我们的身体就是一本书，一本充满生命的书。透过这本书，我们可以探索一个一个的生命，再透过生命，看到一个一个的故事，再透过故事，探索一个一个的灵魂。我们下面所要看到的就是身体的语言，也就是身体之钥。如果你拿到这把钥匙，你就了解了自己的生命；当你了解了自己生命的时候，你就可以探索整个宇宙，包括身体的宇宙——灵魂。

肖然

目 录

1 柔软的智慧，身体之钥   001

    身体是智慧的，它就像一个账本，记载我们一生的经历和情绪，反映我们的健康状况。而健康是一个系统工程，疾病有可能就是一种生活习惯、一种情绪、一段人生经历演变而来的。如果只是解决了身体的问题，而造成疾病的生活习惯不改变，情绪没有得到梳理，那么同样的疾病就会卷土重来。

    婴儿的身体，是非常柔软且富有弹性的，他的所有经络、气血运行是通畅的。身体像婴儿般柔软，内心像明镜般不染一尘，才是真正健康的状态。

1.1   整体医学与生命全息   001

1.2   整体健康   003

  1.2.1   读懂身体，读懂健康   006

  1.2.2   健康的平衡之美   015

1.2.3　健康的真正规律	018
1.3　柔软的智慧,身体之钥	022

2　身体和心理能量的秘密　　028

父精母卵结合形成生命的种子,带来身体最初的生命能量。神经和血液相伴而行,神经统领血液,血液濡养神经,它们与身体当中的经络、淋巴、韧带、筋腱等构成身体的能量通道,传导身体能量,调解各系统之间的平衡。

人的内心有一个保护机制,身体也有它的保护机制。当我们内心感觉太痛苦了,身体就会帮我们屏蔽所有的感觉,从而使能量流动产生阻塞,形成疾病。但我们的身体有自愈的功能,只要把被阻塞的能量通道疏通,让能量可以正常流动,机体就可以自愈。

2.1　能量和谐的身体	028
2.1.1　从能量角度了解健康	028
2.1.2　影响人体能量的因素	036
2.2　身体与心理能量的关系	044
2.2.1　五行、五脏与情绪的关系	044
2.2.2　身心冰山	063
2.3　家庭中的五行平衡对身心能量的影响——	
五行系统动力	070

3　解读身体能量　　　　　　　　　　　079

"身与形俱"。我们的身体会说话，它用它的方式呈现和传递着一些信息。身体背部不同反射区域的聚结、隆起、僵硬等情况反映了我们的身体状况和病症。而"病由心生"，这些病症和我们的情绪、行为模式、人生经历是分不开的。

本章根据对背部脊椎每个椎节的健康状态的解析，讲述情绪、经历在何时、以何种方式被记录在我们的身体当中，并对我们的身体产生了怎样的影响，以及相应的身体和心理调整方法。

3.1　按图索骥　　　　　　　　　　　079
- 3.1.1　肩颈部厚重、隆起或两侧坚硬　　　080
- 3.1.2　左侧心俞区域有一根条索状突起或整个凸出来　086
- 3.1.3　右侧肩胛上部有一条横着的隆起　　091
- 3.1.4　右侧肩胛骨和胸椎之间出现条索　　093
- 3.1.5　整个脊椎像弓一样　　　　　　　　096
- 3.1.6　胸椎6~10节之间隆起　　　　　　102
- 3.1.7　胸椎11节到腰椎1节之间隆起　　　105
- 3.1.8　腰椎1~5节之间坚硬　　　　　　　107
- 3.1.9　骶骨　　　　　　　　　　　　　　110
- 3.1.10　整个后背厚重，臀部干瘪　　　　117
- 3.1.11　腰腹部赘肉，肩胛区厚重，腿细　119

3.2　岁月的痕迹　　　　　　　　　　　124
- 3.2.1　骶椎、尾椎与0~3岁　　　　　　　126

3.2.2　腰椎3～5节与4～6岁　　　　　　　　128
　　3.2.3　胸椎11～12节、腰椎1～2节与7～12岁　　129
　　3.2.4　胸椎1～10节与13～22岁　　　　　　　131
　　3.2.5　颈椎1节到胸椎10节与23岁及以上　　　133
3.3　行为模式对身体造成的影响　　　　　　　　　135
　　3.3.1　何谓行为模式？　　　　　　　　　　　135
　　3.3.2　每种行为模式与身体的关系　　　　　　137
3.4　身心全息疗法案例分享　　　　　　　　　　　160
　　3.4.1　我不再害怕了　　　　　　　　　　　　160
　　3.4.2　妈妈，我想回家　　　　　　　　　　　172
　　3.4.3　爸爸、妈妈，我爱你们　　　　　　　　176
　　3.4.4　妈妈，我不必优秀　　　　　　　　　　183
　　3.4.5　我长大了　　　　　　　　　　　　　　189
　　3.4.6　处理个案的个人分享　　　　　　　　　194

4　从身心全息的角度解析常见问题和病例　　198

　　能量源源不断地流动、循环，在人体内起着主动调节和改善机体各系统、组织、细胞功能的作用。人体疾病产生最根本的原因就在于：一些滋养人体组织、器官的能量通道受阻，导致相关的组织、器官功能低下甚至受损，进而影响到其他相关的组织、器官，乃至整个机体。

　　本章从能量流动的角度来阐述各种病症的成因，带领大家发现淤结的经络和能量，并进一步找到相应的调整与治疗方法。

4.1	抑郁症	198
4.2	类风湿	203
4.3	腰椎间盘突出症	207
4.4	股骨头坏死	210
4.5	萎缩性胃炎	213
4.6	精神分裂症	216
4.7	其他病症	222
4.7.1	带状疱疹	222
4.7.2	自闭症	224
4.7.3	咳嗽	225
4.7.4	小儿高烧	227
4.7.5	糖尿病	228
4.8	亲子教育	229

5 *提高生命的能量* 237

我们的身体就像一棵树、一粒种子。只有不断从外界获得能量，并使体内的能量保持平衡，人体才能处于健康状态。那我们的身体能量是从哪里来的？我们如何提高我们的能量，保证真正的健康？

本章给出了多种简单可行的锻炼方法，来帮助我们梳理内在的情绪，疏通经络，打开紧锁的情结，改善身体的能量淤结，让我们的身体和心理共同恢复真正的健康。

5.1 呼吸之间 237

5.2	内观生命的种子	239
5.3	与我们的父母联结	242
5.4	增强肾经的能量	244
5.5	身心能量的调养	247

6 附 录　　　　　　　　　　　253

6.1　学员问答　　　　　　　　253
6.2　身心全息疗法简介　　　　268
6.2.1　什么是身心全息疗法？　268
6.2.2　身心全息疗法形成的四个阶段　270
6.2.3　身心全息治疗的特点　272
6.2.4　身心全息治疗的常见反应及一般处理方法　273

1 柔软的智慧，身体之钥

1.1 整体医学与生命全息

随着科学的发展、医学水平的提高，我们对人体和疾病的了解也越来越清晰。现代医学认为人体有八大系统：运动系统、神经系统、内分泌系统、循环系统、呼吸系统、消化系统、泌尿系统、生殖系统。医学的研究由系统到器官，由器官到组织，由组织到细胞，再由细胞到染色体。近些年来，随着对染色体的研究，科学家发现每个人的染色体所承载的信息与整个宇宙、人类的发展、物质的演变、遗传疾病等都有着系统的联系。一个人的很多信息在染色体里都能呈现出来，也就是说我们的一个染色体记录的是整体的信息。这一发现把我们带入了一个"整体思维"当中。我们的一个点代表着一个有序排列的整体，即一个规律，那我们的身体——一个有序结合的整体，是否也代表着整个宇宙的信息，代表着一个规律？

中国古人的"天人合一"思想从整体的角度出发，阐述了人与自然的和谐统一。说到这里，我们不妨试想一个画面：有两个巨人，一个代表的是现代医学，一个代表的是中国传统医学，他们在一个点上向相反的两个方向，按照各自所遵循的科学规律行走，多年之后，他们又在另外一个点上会合了。这个会合点便是整体理论。著名科学家钱学森曾经说过这样一句话："将来医学的发展必须用现代医学的理论解释传统中医的模糊理论，形成一种融会贯通的结合。"这就是整体医学之道，它是未来医学发展的趋势。

图 1—1

越来越多的科学家开始关注我们的内心与身体的关系，关注身体与宇宙的关系，这便是一种整体医学的观点。而我从医二十多年，发现很多秘密，想分享给大家，那便是身体的科学、生命的秘密。

1.2 整体健康

我十八岁开始跟随养父学医，到二十几岁已经是当地小有名气的医生了。我发现疾病在身体里的反应是有迹可循的，只要沿着脉络找到疾病在身体上的聚结点，然后用按摩或针灸打通身体能量的聚结点，恢复气血的通畅，疾病就可以得到治疗。我把这种治疗方法称作"病路放射线治疗"。当时我觉得我很高明，治好了很多别人治不了的病。但随着时间的推移，有一件事情开始困扰我：为什么有一些病人在身体康复若干年之后会再次得同样的病症？为什么在身体得到治疗之后，有些患者的生活却更加痛苦了？什么是真正的健康呢？

我曾治疗过一个患股骨头坏死的病人。股骨头坏死又称股骨头缺血性坏死，先是临近关节面组织的血液供应被破坏，进而造成坏死，是骨骺里面的缺血性疼痛。骨头内部供血量减少，通畅受阻，形成了闭滞的疼痛，不通则痛。他在发病初期感觉左侧患肢疼痛难忍，出现萎缩、跛行。X线检查显示：股骨头变扁，密度不均匀，可见囊性变，关节面已经有些塌陷了，形成了一些囊变物。患者在我这里接受了近一年的治疗，再去拍片，发现完全康复。但是，他恢复后又开始喝酒。半年后，囊变物又出现了。随后他再次找到我，我劝他戒掉每日两顿酒的习惯，他不配合，最后的治疗效果并不理想。

我还曾经治疗过一个试图自杀的人。这个人喝过三次农药都没死成。第三次喝农药抢救过来之后,她被家人送到我的工作室。当时,她才三十出头,后背、腹部、腰围的地方凸出老高,僵硬得不得了,小腿也特别细,她跟我说她浑身上下没有一个地方是不疼的。我问她:"你为什么想死呢?"她告诉我:"肖大夫,我太痛苦了!身体没有一个舒服的地方,我好不了了,还不如让我死了痛快。活着受罪!"我又问:"如果你的身体能治好,你还想死吗?"她低着头过了很久才说:"试试吧。"那时我还没学心理学,用了大概三个多月的时间把她身体聚结的地方打通,她恢复了正常的体型。我很高兴地告诉她:"你好了,回家吧。"她老公目睹了整个治疗过程中妻子身体的变化,非常感激我,高高兴兴地把她接回了家。

两年多后,我打电话问她老公:"你老婆最近怎么样?"她老公告诉我:"在你帮她治好身体后,刚过了两年,她又喝农药了,这次没抢救过来!"我为这个病人的离去内疚了很久。我治好了她的身体,使其身体的吸收能力增强,而这回她喝农药真吸收了。我治好了她的身体,却没有找到她不想活的真正原因,她还是生活在痛苦当中,并最终选择了死亡。

健康是一个系统工程,远不是把患者身体上的疾病症状解决就可以完成的。疾病有可能就是一种生活习惯、一种情绪、一段人生经历演变而来的。如果只是解决了身体的问题，那么也只是在表面上做着工作，也就是中医说的治标，而没从根本上解决病症。造成疾病的生活习惯不改变，情绪没有得到梳理，不在人生经历中汲取经验和教训，同样的疾病就会卷土重来，甚至引发其他身体及心理疾病，并危及生命。

疾病在身体上呈现的，是果；疾病还有它的历史，这是因。如果我们只摘掉了果，而没有解除因，疾病不可能得到真正的治愈。

作为助人者，治病救人，不仅要看到疾病，而且要看到一个人的生命历程，看到他的成长环境、内心世界、家庭系统、社会支持的体系，等等。看到的东西越多，我们能做的事情就越多。最重要的是，我们要帮助个体找到生命的内在资源，让他更好地活下去。

其实人最难了解的是自己，包括自己的身体。往往我们发现身体出现了某些状况，就去寻求外界的帮助，问别人为什么自己这里不舒服，那里不舒服。我告诉大家：真正的医生是你自己。因为上天在创造我们人体的同时，也给了我们智慧。释迦牟尼成佛后的第一句话就是："一切众生，皆具如来智慧德相，只因妄想执著，而不征得。"我们每个人，都是带着智慧来到这个世界上的，如果我们发现了自己的智慧，就能了解自己，了解自己的人生。如果我们在某一个方面真正悟到了，我们就能达到那个高深的境界。大道至简，如果你了解了真正的健康，你就了解了人生，了解了自然，了解了道。

1.2.1 读懂身体，读懂健康

身体是我们赖以生存的物质基础，它有着自身的运行规律。

● **身体会说话**

我曾经有一个朋友，他是开长途大巴的。有一次我见到他，就提醒他："你的心脏有病了，需要做治疗。"他有些惊讶地看着我："我的确感到心脏不舒服，可我每天要跑长途，没时间来你这儿，要不我先去医院做个检查再说吧。"隔天他去医院体检，结果心脏各项指标都显示正常。连着两年，他感觉不舒服就去体检，但每次检查下来，各项指标都显示心脏没有异常情况。第三年，他实在是觉得自己的身体很不舒服了，又去医院，各项指标仍显示正常。在他的一再坚持下，医生让他去卫生间取一些尿样，检查尿酸，结果他猝死在卫生间。尸检结果显示，他死于心肌梗死。这个朋友的故去让我难过了很久。

其实，我们的身体会说话，它用身体症状和疾病的方式告诉我们，有些事情正在发生。举例来说，患高血压的病人，他的颈椎是非常僵硬、厚重的。胃不好的人，后背右侧肩胛骨和背椎之间往往凸出来一些。还有一些人，他们的身体会产生一定的疼痛或者其他症状。如果进一步询问他们，我们便会得知：有一个事件或有一段经历在他的身体上留下了深深的印记。身体就像一个账本，记载着我们一生的经历。

● **身体和心理相互影响**

我记得在12年前治疗过一个患胃平滑肌瘤的病人，当时肌瘤的大小是3.2cm×5cm，在医院进行治疗时医生告诉他要进行胃大部切除术，要切除2/3。当时他接受中西医结合的方案治疗了五六年，均没有明显的效果。他找到我的时候，后背非常僵硬，是板结的。经过询问，他回首了一段令他悲痛欲绝的经历。他曾有一个非常珍爱的女儿，他非常喜欢她，每天逗她玩。女儿大约一岁的时候，他往空中扔他的宝贝女儿逗她开心，一扔接住，一扔接住，当他越扔越高时，突然孩子向下掉时他没有接住，结果孩子掉在地上摔死了。直到现在，他仍然带着痛苦与内疚（这从他的表情就可以明显看出来）。时隔多年，这件事还是让他无法释怀，总觉得是自己害死了女儿。事发两年之后，他突然间不能吃东西了，吃完就吐。医生检查的结果是他的胃里长了一个平滑肌瘤。

这确实是个令人伤心的故事。我开始用中医的方法疏通他胃的神经和经络，把他后背的经络打通。他的背部变得越来越柔软，直到有一天他告诉我，胃开始有舒服的感觉了。这个病人的治疗持续了六个月，他所有难受、不舒服的症状全部消失了。当我提出让他去医院复查时，他退却了："我不敢，我怕我胃里那个瘤还存在。"于是,又过了二三年,期间他饮食完全正常,我再次提醒他:"你去医院检查检查,看看那个瘤还存在不存在,如果有的话我们再采取其他治疗措施。"他有些不情愿地去了。B超显示,平滑肌瘤完全消失了。

这个病例给了我重要的启示。中医有一个说法是五脏和五志有关系,而我在长期的工作经验中,也有相应的发现。比如说,长期焦虑的人,肠胃和脾往往会出现问题,身体相关的经络会产生聚结,最终产生疾病。而且很多的疾病和人的情绪、经历是有关系的。只有当我们了解了得病的原因和经过,我们才能治疗这些疾病。其实,疾病何尝不是一个提醒,告诉我们有某些事件藏在心里,没有完全得到解决。想想我们生气的时候哪里有感觉?是心里有感觉,感觉到心痛,胃里常会有纠结的感觉。这些负性情绪储存在我们心里,直接伤害内脏。它不像外邪的侵入:风、寒、湿、热,它们侵入的时候会经过我们的皮肤、外界组织,然后进入内脏,所以说一些由外界的侵入所致的疾病和一些外伤,损伤的是我们的肌体,而情绪损伤的是我们的内脏。

身体是智慧的。无论你产生什么样的情绪,它在身体当中都会有相应的反应。同样,无论你有什么样的疾病,它在你身体上也会产生相应的反应。

● **身体能量不通是产生疾病的根本原因**

我还遇到过一位病人,患的是Vogt—小柳—原田氏病,当时的症状是双目失明。找我之前他在北京的同仁医院治疗了两年,还找过本地的一个眼科专家给他治疗了一年。(学者认为感染此病毒可诱发免疫异常,造成弥漫性、渗出性葡萄膜炎,致双目失明。这种病是由Alfred Vogt、小柳美三和原田永之助发现的,所以以此命名。)我为他做检查时发现,他右侧的肩膀,沿肩胛骨部位有一个环状的淤结。(肌肉、组织、韧带挛缩在一起,形成一个隆起的环状结索。)谈起这个淤结,他回忆说:"好多年以前我当兵的时候,我开车在雪地里行驶,结果车灭火了,我用钥匙开关怎么打也打不着。当时我很害怕,因为身处荒郊野外,天又那么冷,待一晚上命肯定没了。于是我就拿起车的摇棒去摇车,结果车打着了,但摇棒还没有拔出来,把我的胳膊掀到了。胳膊当时有一年多不能动,非常疼。过了几年后,这个胳膊后背总有沉重的感觉。"当时我并不知道他这个胳膊的伤害会影响身体什么部位,但是我知道,身体的某个部位不通畅,肯定会产生一些外在的症状,于是我就用弹拨法把淤结块慢慢地揉开。治疗一段时间后,奇迹发生了,他的眼睛忽然间复明了。一年后再去医院检查,患者基本康复。

其实,身体的疾病并不是单纯由某些细菌、病毒或微生物感染造成的,而很可能是由于身体一些部位气血不通畅,局部的免疫力下降造成的。当身体气血通畅，经络畅通的时候，身体就会有一个保护体系，包括免疫系统、修复系统、应激系统、排异系统。免疫系统能够阻止外界的病毒、细菌侵入我们身体当中。当身体受到伤害的时候，如果气血是畅通的，修复系统就能自行发挥作用进行修复。我们每个内脏、每个器官，都有自行修复及自愈的能力。应激系统则会在身体受到各种内外环境因素及社会心理因素刺激时引发非特异性全身反应。应激是适应性的防御反应，可提高机体的准备状态，有利于机体及时作出战斗或逃跑反应，在变动的环境中维持自稳态，增强适应能力。当身体健康，精力充沛，我们就可以躲开一切能躲开的危险。排异系统受神经影响，它把有毒的、不应该有的物质排出体外。

人体是一个自然体，它是天地和合而成的，也叫阴阳和合而成。父精母卵结合形成生命的种子，带来身体最初的生命能量。胎儿在母亲的子宫里通过胎盘脐带吸收营养、氧气；出生后，则通过脏器消化吸收饮食中的营养，获得后天维系生命的能量。人体内各器官、组织都是靠神经支配、血液供养来完成它们正常的生理功能。神经和血液相伴而行，神经统领血液，血液濡养神经，它们与身体当中的经络、淋巴、韧带、筋腱等构成身体的能量通道，传导身体能量，调解着各器官系统之间的平衡。当能量通道受阻时，相应的器官功能也会受损，造成身体的板结、僵硬。各器官之间也存在着能量的相互影响，一个器官的状态改变也会引起其他相关器官功能的失调，打破能量的平衡。所以人体产生疾病最根本的原因就在于：一些滋养人体组织、器官的能量通道受阻，导致相关的组织、器官功能低下甚至受损，进而影响到其他相关的组织、器官，乃至整个机体。

● **身体有自愈的本能**

在我27岁的时候，我曾收治过一个肾病综合征的小男孩，他只有7岁，在北京儿童医院治疗时每天吃16片泼尼松（80mg），服用两个月后，尿蛋白检验还是呈现阳性。北京儿童医院的医生告诉他，回家等肾源换肾。孩子父母把他带到我工作室时，我刚接触这类疾病，对此病没有太多的临床经验，于是我告诉孩子的父亲我会尽全力试试看，效果好的话就继续治疗。

治疗的第一个月孩子开始见好，尿蛋白开始减少。当尿蛋白呈现阴性时，医院开始让他减量服用泼尼松，减到8片（40mg）时，忽然间他的症状又复发了，出现肉眼血尿，化验有蛋白尿。但是他仍坚持在我的工作室治疗。到第14个月的时候，他的激素已经减到了1/8片。到第15个月时，他的泼尼松服用量继续减少，他的尿蛋白维持阴性，未再复发。孩子的父亲听从了我的建议，带他到北京儿童医院检查，回来后他激动地告诉我，儿子的肾已经恢复正常。

我们身体的各个器官，如果能够获取足够的营养，气血、经络完全通畅，那么器官本身是有恢复能力的。只要把被阻塞的能量通道疏通，让能量可以正常地流动，使受损的组织、器官重新获得足够的能量，该器官的自我保护、自我修复功能就可以得到恢复，机体就可以自愈。这样的情况在我的临床中得到了反复印证。健康是很简单的，只要我们知道了疾病的来源与成因，就能够让我们自己的身体恢复健康。

● **身体是一个系统**

我们的身体和机器的区别在哪里？如果机器的零件坏了，那么我们可以换一个新的零件让机器重新工作，但身体并非如此。拿慢性肾病来说，得此病后，肾会逐渐萎缩，最终部分人会发展为尿毒症。虽然现在医学科技发达，但当出现尿毒症时，现代医学的解决办法是换一个新的肾，或进行透析治疗。的确，肾移植是治疗尿毒症的办法，然而，不属于自己的肾能否在自己的身体当中存活呢？当然，对于复杂的手术、术后恢复治疗以及排异反应的药物控制，医学都有很先进的应对技术。虽然肾移植技术和存活率已有明显提高，但我认为仍不够理想。即便换一个健康的肾，如果原来的病因没有解除，那么还是会造成新换的肾坏死。为什么呢？因为我们身体的每个器官是靠血液的供应和神经的支配来完成其正常的生理功能的。如果供应器官的血液和神经、经络产生闭滞，我们的那些脏器就会产生代偿性的疾病，比如炎症、萎缩、坏死。我们身体中的每个内脏都不是孤立存在的，都有赖于身体大环境给予支持和营养。对于疾病的治疗，好的医生讲究标本兼治，统一辩证，而不是"头痛医头，脚痛医脚"。

我曾经治疗过一位心脏病患者，他是一位从事心脏研究工作的心脏科医生，40多岁。来我工作室时，他的血压165/103mmHg、频发的室性早搏、心率每分钟98次。治疗期间，我曾经跟他探讨："您研究心脏病这么多年，向您请教个问题，比较严重的心脏病是否能彻底治愈？"他说："研究这么多年，真正严重的心脏病我也没彻底治愈过。"他为什么这么讲呢？因为医学界将心脏这个器官分为心壁的构造、心脏的血管、心脏的体肺循环、心脏各腔室的出入口的命名、各血管间的吻合形成的侧支循环，甚至连很细小的血管都有一个名称，叙述得非常清楚。这样能治好心脏病吗？把心脏从身体里拿出来研究，研究的只是一个单纯的器官，太细化了。而中医讲整体观念，任何一个器官都不是孤立存在于身体当中的，需要身体这个大环境才能存活。单独拿出一个器官去研究，那是对医学各器官理论上的命名、推理，是研究它的病理、生理的变化、器官的各项功能，等等。离开了身体这个大环境，我们怎样才能彻底治好这个器官呢？这位心脏科医生在我工作室治疗期间，未服用任何降压药物和治疗心脏病的药物，经过近两个月的治疗，血压恢复正常，心率每分钟70多次，病症有明显的改善。

从20世纪60年代到现在，没有多少疾病是被彻底治愈的，包括感冒在内。记得在医学院学习的时候内科老师就说过："感冒治是一个星期，不治也是一个星期。"这是医学的悲哀。好多疾病都是靠我们身体的免疫自愈的，当然药物也起到了一定的作用。但如果用孤立的方法去治病，我们就犯了一个错误，即没有系统地去看待一个问题，这是西医需要进一步研究、探索的方面。中医，讲的是整体观念；西医，讲的是解剖还原。中医，是用整体，看一个点；西医，是用一个点，去看整体。中医认为，首先是系统整体出现问题了，在一个点上才会出现问题，比如海水都是咸的，所以无论在哪里品尝海水，都是咸的；而西医认为，一个点上出了问题，所以整体就会出问题。这就如在大海中倒入一罐糖，在这个点上，可能海水是甜的，但在其他地点呢？今天，我不是否定或肯定任何一方，现在世界的发展、科技的发展、时代的进步都要求我们了解：大道相通。只有把现代西方医学的理念，融入中国传统中医的整体理念中，才能形成一个全新的、融会贯通的整体医学。同样的，对待疾病我们也要从整体的角度出发，以身体为基础，系统地探索疾病的形成原因。

生命的洪流绵延不断，那是一种雄浑的旋律。它时而低沉，时而高亢；有过回环，更有激情飞扬。每个人都是生命洪流的一部分，而身体则是我们生命的载体，它所承载的正是我们生命的每一个片段，所呈现的正是我们当下生命能量的状态。感受生命能量的流动，从了解身体的秘密开始。

1.2.2 健康的平衡之美

健康是指人在身体、心理、社会适应能力方面的一种良好状态。如果受到外界各种因素的影响，造成人的身体患疾病、心理失衡、社会适应能力下降，就会出现不健康的状况。科学界最新提出：平衡就是健康。反言之，当失去平衡，人就会变得不健康。这个过程不是一成不变的，需要我们经常去调整、纠正。其实，疾病也是一种平衡，不过是一种病态的平衡。

单就个人而言，人的内心有一个保护机制，身体也有它的保护机制。当我们感觉太痛苦的时候，身体会帮我们屏蔽所有的感觉；而当我们承担不了精神痛苦的时候，就会用身体去承担，用得病的方式来保护自己，形成病态的平衡。还有一种病态的平衡，体现在家族体系中，通过家庭中的某些成员以疾病的方式呈现出来。还是讲个病例吧。

我曾经治疗过一个被医生诊断为"植物人"的患者，用了两年才治好。她是怎样成了植物人的呢？她上吊自杀，但绳子扣打错了，吊了两个小时，被家人发现后放下来，没死成。因为上吊伤到了她的颈椎，造成她大脑缺氧，全身韧带挛缩，整个人蜷成一团。每天，有人会用管子把流食输到她的胃里，以此来维持她的生命。她在医院里住了一年后，医生说她已经成了植物人，没有什么好的治疗方法了，劝其家人接她出院回家静养。他家人找到我的时候，这种情况已经持续了两年。那时候，我才二十三岁，对此类病症没有经验，但我胆大，就试着治治。结果，第一天做完调整，再检查她身体的时候，看到她的嘴巴在动，似乎是在喊"痛"，虽然声音是发出不来的。调理到第五天，我发现她的眼球会动了。我仔细观察，发现她的舌头也开始卷动。我就拿了一块糖切了四分之一，放在她嘴里。结果，她开始咀嚼、吞咽。我就知道，有希望了。等到第二十天的时候，奇迹发生了，她说了第一句很不清楚的话。

在给她治疗的两年里，我从她身上吸取了很多经验。因为这样的患者，神经完全处于休眠状态，每部分的唤醒，都让我对经络神经的分布走向、变化规律和神经与经络之间的联系有了自己的理解和认识。我觉得这个病人的治疗过程是我生命中非常宝贵的经历。

治到第八个月的时候，她完全会说话了，我就问她为什么要自杀。她跟我说，有一天她在家里打麻将，娘家的爸爸来了，脸色很不好，她就问老人家怎么了。老人不肯说，只说想吃碗好吃的。她立刻让牌友散了，进厨房给爸爸做了一碗饺子。老人吃完后，说要走，可一扭脸眼泪掉了下来。她惊觉不对，又发现老人的兜里露出一截绳子头,她一把抓出来,追问老人到底发生了什么。老人伤心地说,因为在家总受老伴的气,所以不想活了。她急了,把绳子扔进火炉里烧了。后来的情节,她已经不记得了。她的老公在旁边接着跟我说,娘家爸爸回去了,她却把自己的孩子锁进柜子,自己找了根绳子上吊了。

这是什么情结?"我替你死。"是不是一种平衡?这就是一种病态的平衡。"我替你死,我替你得病,我替你痛苦。"有很多家庭中,得病最多、身体最弱的孩子,往往承担了家庭系统当中的隐性问题,所以我们要懂得尊重弱者。

继续前面的故事,我给这个病人治疗两年后,她可以挂着拐杖,歪着身体走路了。在整个治疗过程中,我体会到了人间的温情。她的老公对她照顾得非常周到,家里的钱都用完了,老公还是全程陪伴着,有营养的东西自己一点也不舍得吃,全部给了妻子。十年后,我遇到他们村子的一个人,一问,却得知她老公死了。在她治疗结束后的第七年,她老公得肺癌去世。她老公在妻子不会说话的几年中,背负着妻子娘家人的责骂,说是他虐待妻子,逼得妻子不得不上吊自杀。她老公既忧伤,又委屈。而且在治疗的过程中,她老公卖房子,卖工厂,顶着巨大的压力,郁结了很多情绪。可惜那个时候我还不懂心理学,所以,我不能充分体会他的痛苦,也不知道该怎么帮他。

一个家庭，因为这样一个事件，产生了什么样的后果呢？连锁反应，以及替代的平衡。所以，反过来说，疾病不单单是个人的事情，也是家庭、家族的事情。每种疾病的背后都有它形成的原因，就像每个事件的发生都有其原因一样。最好的平衡，还是让我们从自身做起，善待自己的身体，善待自己的生命，善待生命之中所有的人，让自己的生命完善而精彩，人生和谐而健康。

1.2.3 健康的真正规律

凡是符合自然规律的东西就能生存。科学需要经过无数次的实践证明，而不是从书本上得来的。书本是借鉴和汲取，书本上得来的是过去的东西，对发展的、未来的事物也只是推理论证。发展的事物永远源于自然界。自然在发展，社会在变化。在这个变化中，疾病也在发展变化。以前，天灾、战争之后，很多人为生活奔波，是有今天没明天的日子，大家共同的想法是为明天担忧，愁吃、愁穿、愁今后日子怎么过。中医讲"忧伤肺"，所以肺结核曾一度流行。现在生活水平提高了，出是汽车，入是楼房，坐有软椅，看有电脑，有空间的地方几乎就有空调，生活压力也相应增加，有恶性肿瘤的人逐年递增。比如肝癌患者，为今后的身体、生活担忧而继发心理疾病，可使病变向肺部发展，进而产生恐惧、害怕的心理，对肾和骨都有影响，而又担心"癌易发生转移"……得病后继发心理因素越多，引发的病种也越多。如果我们的思想还臣服于过去，我们又怎么能跟上疾病的发生发展呢？

事实上疾病的发生发展也是符合规律的，它符合自然规律的变化，所以延续了下来，它也是一个生命。只有找到人体运行的规律，用身体自身的规律去感悟疾病，感悟人生，感悟自然界，我们才能看到真相，我们才能真正知道什么是智慧地解决问题。

在我的课程里，常常有学员会问："老师，什么是真相？当一位病人或来访者走到你面前的时候，怎样才能真正地了解问题的根本，找到解决问题的方法呢？"

真相是在某一个阶段呈现出来的一个现象，它只是一个瞬间。这个瞬间过去，我们再去解释它的时候，它就失去了真实。我们在做个案的时候，看到的真相只是某种闪现，过去了就过去了。任何一种理论都不能全面完整地解释真相。探索自我也是一样，每一个生命都是不同的，我们只是在讲一个规律、一种道。在每一个规律当中，都存在着各式各样的真相的涌现。只有把握住了真相，我们才能解决问题。那我们如何才能把握住真相？要靠什么？感觉！真相是感觉来的，而不是解释出来的。

当我们清空自己，让身体的所有通道像鼓起的风帆时，一缕微风就能影响它的方向。那个时候，我们就能感觉、感受对方带来的信息，进而获得方向感，伴随着对方去到他应该去的地方。这是感觉。当我们静止到像湖水一样平静，一缕微风就能引起很大的变化时，我们就会感觉到它。此时我们给出的引导语，才是内心真正的声音。一个好的治疗师，是用他的感觉，看到真相。

"和其光，同其尘，而不同流。""和其光，同其尘"就是讲人能融入各种环境，与环境联结，与自然界联结，形成一个整体。当形成一个整体的时候，我们就有了敏锐的感觉，就能感觉到各种各样的变化，这个变化不是大脑给予的，是我们的灵魂给予的。"不同流"就是既能融入，又能跳出来站在高处观察整体，系统地去看待一个人，看待一个生命。这样我们就有了整体的、系统化的感觉。拥有这种感觉，我们就看到了一个人，看到了他整个的生命、整个的经历、整个的内在。我们看一个人体的时候，看到的是一个生命，一个经历，一个系统的、联结的生命灵魂。

在心理学各流派中，精神分析看的是我们的人生经历；认知，看的是我们的头脑；人本主义，看的是我们的整体内在；认知行为主义，是改变认知，让我们重新看待一个问题。就是对于一个事件，用不同以往的解释去重新看待它，从而发现，我们拥有更多的选择和方法去解决这个问题。然而，用认知行为主义去处理个案的时候，我们会发现，案主的反复率特别高。案主会说："我凭什么要去那么想啊？我很难过。"我们对他说："你要接纳。"他会问："我为什么要接纳啊？我为什么要去接纳别人，他为什么不接纳我啊？"我们对他讲："你要理解。"他会反问："那我为什么要去理解别人，别人为什么不理解我呢？"

改变一个人的认知，如果不去整体地、系统地看待，是很难的。他在哪个层面会有根本改变？在能量的层面。当他身体改变，能量改变的时候，认知也会随之改变。因为他有能力去面对困难，面对冲突了。当一个人没有能力去面对困难与冲突的时候，他不敢去看问题，他没有能力去承担问题，又怎么能真正改变他的认知呢？

所以说，我们要先做一个整体的评估：他目前处于什么状态？他的人生经历是怎样的？在他的经历当中，有过什么样的创伤？有过什么样的事件？我们首先帮他解决一个一个的事件。如果是存在无意识当中的事件在影响着他，那么从身体能量的层面直接处理这个事件，回过头来，再让他看问题，就会出现奇特的变化——他的认知改变了。

一个个案的治疗，不是处理一次就能解决的。无论什么疾病，你再高明，一次也不太可能治得好。他需要一段时间的陪伴、支持。当我们把人体能量改变，他的潜意识改变之后，身体能量会出现一个状态，那就是混乱。这个混乱过程会打破原来的机制、模式。比如说，在治疗期间或过程当中，有的人会发高烧，有的人会打喷嚏，有的人会出现蛋白尿，等等。这个过程，是身体混乱的过程，叫排异过程。情绪也是如此。我们在打破原来的模式，进入新的模式之前，会出现一个混乱阶段，表现为无缘无故地发情绪。我在南京的时候，治疗过一个病人。我们一起去饭店吃饭，他坐在餐桌旁，无缘由地就哇哇地哭了起来，我问他发生了什么事情，他说他什么都没做，也没想什么，就哭出来了。还有一个病人开着车，在路口等红绿灯的时候，趴在方向盘上就哭出来了。这就是混乱的表现。而混乱的过程，也是疗愈的过程。这个混乱，是身体重新组合、重新排列的过程，也就是情绪重新组合、重新排列的过程，同样是能量重新组合、重新排列的过程。

然而，在这个过程中，我们需要治疗师给予什么？关注、接纳、无条件的支持。作为一个好的治疗师，只有准备好我们自己，将自己置身于人群当中，置身于自然当中，才能真正地了解规律。才能陪伴来访者共同治疗创伤，使他们得到真正的健康。

1.3　柔软的智慧，身体之钥

我小时候，很喜欢小草，触摸它感受到的是一种柔软；我也喜欢孩子，触摸孩子的身体，感受到的仍是一种柔软。凡是有生命力的东西，你触摸它都会产生柔软的感觉。中国人最崇尚柔软的文化——水的文化。水代表着柔软，代表着健康，代表着生命。在道德经中，其精髓就是：柔软、谦卑、居下。"上善若水。水善利万物而不争，处众人之所恶，故几于道。居善地，心善渊，与善仁，言善信，正善治，事善能，动善时。夫唯不争，故无尤。"我们所讲的柔软的智慧，就是水的智慧。

水有三德、七善。水之三德就在于柔软、谦卑和居下。

水，"居善地"。水是最柔软的，永远居住在低处，不会因为自己在最低的地方而感到自卑。有水之德的人"居下则自上，居后则自前"。如果一个人在与其他人接触的过程当中是谦逊的、居下的，大家就会尊重他，把他举到高位，他就会"自上"了。如果一个人总是谦让别人，谦让久了，大家就会把他推到前面，他就会"自前"了。

水，"心善渊"。在大江大海中，有许多溪流汇入，有些溪流可能不干净，但大江大海不会因此而拒绝它。水接纳所有进入其中的东西。水不会因为人的地位不同而拒绝一个人。所有人跳到水中，水都会把他洗干净。人在水中都是平等的。水的心是包容的，是宽广的。所谓"海纳百川"，没有接纳和包容，就形不成大海。如果一个人像水一样，有包容之心，不会因为另一个人的出处、高低贵贱而拒绝他，对每一个人都是平和的，那他就有水之德，他的内心就是高尚的。

水，"与善仁"。水润养着万物，滋养着所有的生命，却从来不居功。有水之德的人具有这种心态与作为：别人不愿意去的地方,他愿意去;别人不愿意做的事,他愿意做。他只知默默奉献,却从不和别人争功、争名、争利,所谓"善利万物而不争"而"莫能与之争"。

水,"言善信"。一个人,无论是长得丑的,还是长得美的,当这个人站在水边的时候,水所显示出来的,就是这个人自己。水从来就不会欺骗你,水永远守信用。大海,有潮起潮落,海水不会因为天气好坏而改变它的潮起潮落。而有些人轻诺,则必寡信。集美之辞,必源于大诺。

水,"正善治"。立身处世,持平正衡。我们的法律、政治都有三点水偏旁。法官的肩章上,有一个水平仪。我们希望我们的法律、政治能如水一样公正、公平。水平,便源于此。

水,"事善能"。担当做事,调剂融合,能干务实。而在我们看来最柔软的水,也是最坚硬的,滴水穿石,柔能克刚。

水,"动善时"。我们站在岸边,看见滔滔不绝的大河,永不停下,即使遇到阻碍,也绝不停歇。

人体的80%是由水组成的。有一本书叫《水知道答案》,由日本的江本胜编著,书中有很多水的结晶照片。当对着水说"我爱你"时,水结晶会显现出美丽的图案;而如果对它传递负性信息,水结晶就会变得丑陋。我们姑且不去评价这个现象的科学性,只是想想,如果我们每天处于愤怒、焦虑、恐慌、内疚等情绪当中,我们传递给身体的是什么信息呢？身体表现出来的又是什么形态呢？试想一下，当别人对我们说"我很喜欢你"的时候，我们的身体通常会很放松；而当有人对着我们喊"我讨厌你"的时候，身体通常会不自觉地绷紧。同样，只有当一个人能够真正用接纳、包容、柔软的心面对身体的每个信息时，我们的身体才能恢复健康，我们的人生才能得到幸福与快乐。

正像水的文化——水有包容之心，它对待一切事物只是梳理和清晰——当我们用水的智慧去梳理身体，清晰内在时，我们就能够把人生带给我们的创伤性的、痛苦的经历有条理地融入我们的人生长河中，蕴藏在我们的生命里。这些经历非但不是我们的敌人，反而会变成我们生命的一部分，形成支持我们生命的力量，丰富和完善我们的人生。这就是水之德，这就是中国人的智慧。

在我的健康理念当中，身体的柔软，代表着健康；身体的不舒服，意味着坚硬、板结。

你触摸一下自己的身体，不舒服的身体是一种什么感觉？那里发生了什么？我们原本柔软的身体慢慢形成的板结变得僵直、坚硬。有谁知道，这是什么时候发生的？它又是怎样发生的？

随着岁月的流逝，我们拥有了不同的人生经历，我们的身体开始僵硬，内心开始有了变化，我们不再像儿时那样自在地生活，我们开始学会了欺骗，包括欺骗自己。我们的心由原来的柔软变成了现在的僵硬和板结，身体产生了这里或那里的不舒服、这样或那样的疾病。当我们去探索这些板结、条索（皮下肌肉、韧带、筋膜、神经纤维组织聚结）的时候，我们会发现每一个僵硬的地方都代表着一种疾病，当我们再深入探索的时候，也许每一个僵硬还代表着一个故事，这个故事里有创伤事件。

身体不单单呈现着我们健康与否的信息，也记载着我们一生的经历。我们所能看到的也许是这样或那样的疾病，但我认为疾病只是身体的一种表达形式。每一种疾病就代表着一种信息，对抗这些疾病，就是把其看作我们的敌人。然而，如果我们能够换一种角度来看待这些疾病，那么我们往往会发现，其实它们是我们的朋友。疾病在告诉我们有一些过去的事件没有完成，有一些事情需要处理。它们只是在提醒我们，身体的某个地方需要我们去照顾。

在我们的人生道路上所发生的这些事情，都在我们的身体中留下了痕迹。如果我们现在关注一下这些身体的痕迹，那么那些地方会告诉你疼痛和不适。这些痕迹其实已经提醒了我们很多年，但我们都没有理会，没有关注。于是，我们的身体开始慢慢改变了，慢慢变得僵硬、板结。当你看清楚它的时候，请用你的心对身体说一声："谢谢你，我知道了，从今天开始，我会照顾你并去解决那些问题，谢谢你一直在提醒我，并保护着我的健康。"

当我们能够用接纳、包容、柔软的心去关注身体的每种信息的时候,我们的身体就会恢复正常,我们人生就会得到幸福与快乐。

柔软是一种智慧,柔软是一种健康,柔软代表着一种自然平衡规律。

2 身体和心理能量的秘密

2.1 能量和谐的身体

2.1.1 从能量角度了解健康

能量，我们很难用语言去描述它。在我看来，能量就像道，道生一，一生二，二生三，三生万物；像电能，电流通过灯会发光，通过电炉会产生热量，它是可变的。用我们熟知的气或许更容易理解。《素问·六节脏象论》中提到，"气合而有形，因变以正名"。万物皆能量，各种不同的物质只是能量的不同显现，不同转换。

世界上的一切物质都是能量的不同表现形式，能量是相互转换的。物质是能量的组合，也是能量转换的一种呈现，一种物质转换成另一种物质也会产生很大的能量。世界上一切物质都是运动的，包括事物的内部也都是运动的，然而这种运动是我们无法用肉眼看到的。如果从现代科学研究的角度讲，物质是由分子组成的，分子是由原子组成的，原子是由原子核和电子组成的，而原子核是由质子、中子组成的，质子和中子又是由夸克组成的，夸克会不停地产生，又迅速地消失。在这一水平上观察物质，就会发现物质与能量无时无刻不在进行转化。

赫尔墨斯"秘传哲学"中说道："没有什么是静止的；一切都在移动，一切都在振动。"佛陀在两千多年前指出："宇宙间的所有事物，都是由振动组成的。"人体也是如此。从这个层面来说，人体就像一团抖动的能量团。我们人体内部所有的物质都是一种动态的平衡，它们会互相转换；我们人体内部的各个器官组织之间也是一种能量转换，达成一种平衡；我们与自然界之间也是一种能量转换，达成一种平衡。比如我们吸收自然界的阳光雨露、水谷精微，这些精微物质通过肝、胃、脾的转化、合成体内有用的能量，再由心脏将之输送到全身，去支持各内脏、组织、器官的生理功能。除此之外，还有我们看不到的能量。比如信息，我们接收到一个积极的信息，我们的身体就会感到非常舒服；接收到一个不好的或负面的信息，就会感到非常无力。这说明信息也是一种能量，也在影响着我们的身体。

除了物理学上的意义外，"能量"还包含更广大的范围。能量对世界的影响非常广博，也非常繁杂，很难加以归纳。因此，对能量进行定义也几乎成了不可能的任务，就好像禅宗参禅、佛教谈论"自性"与"本性"一样，到了"不可说，不可说，一说即是错"的地步。因此我们只有人为地把能量限定在一个范围，并加以定义，之后才能对其加以讨论。这里的人体能量主要是指源于大自然，通过阳光、空气、水、食物、动植物等进入人体内，调节、支配人体进行正常的生理活动，可以流动的高级物质。

从能量的角度解读身体，你会发现，能量在不断地流动、循环，调节和改善着机体各系统、组织、细胞的功能，并在这些系统、组织、细胞的功能出现异常时，促进其进行自我修复，恢复正常的功能。无论患病的是哪个部位，只要改善患病部位人体能量的流动，这股流动的能量就能使该患病部位的生理功能逐渐自行恢复正常。因为机体本身就有自愈能力，能量对组织产生的效果就是这种自愈能力的一种体现：能量可以自动调整和改善该处组织的生理功能，使其达到最佳状态。

在中医中一直强调"精、气、神"对人体的影响。作为人体生命的三大要素，精、气、神，分别代表了人的生命物质、生命能量功能、生命信息及生命活动的自我调控。三者之间的关系，在某种程度上，可以看作物质、能量、信息之间的关系。

①能量：能量是物质最本源的形式，各种不同的物质只是能量的不同序列和不同的排列形式；不同物质最终都可以转化成同一种能量，在最终能量的水平上，所有的物质都是一样的。

②物质：物质是在信息控制下的能量的有序系统。

③信息：能量的排列方式和物质的排列方式构成了具有一定内容的信息。

"精"作为构成形体和供养生命活动的物质基础，静而内守，属阴；"气"和"神"主要体现为人的各种生命功能及调控机制，动而外运，属阳。《素问·阴阳应象大论》提到，"阳化气，阴成形"。《素问玄机原病式》中提到，"精中生气，气中生神，神能御其形"。它们之间是相互转化、相互影响的。《黄帝内经》中强调疾病产生的原因在于："夫百病之始生也，皆生于风雨寒暑，阴阳喜怒，饮食居处，大惊卒恐，则血气分离，阴阳破败，经络厥绝，脉道不同，阴阳相逆，卫气稽留，经脉虚空，血气不次，乃失其常。"这说明各种疾患的产生皆因人体阴阳失衡，气血不和，脏腑经络失调，身体能量的平衡被破坏，而影响了能量在身体当中的流动。

任何生命的生长都需要生物体内有能量的流动。细胞的生长和分裂、各个器官的形成、人体的发育都需要有能量来调节、控制。能量之所以会对这些生命活动产生影响，并不是因为能量自己可以直接完成这些任务，而是因为能量中包含一些对人体非常重要的信息，是这些信息直接作用于细胞。接收到这些信息的细胞，就会自动作出一些调整和改变，从而改变细胞存在的状态，利用储存的物质行使不同的功能。这些人体所需的能量通过血液的流动直接被运送到各个组织和器官，同时也通过神经、淋巴、组织液和胶原纤维网络直接被传送给目前最需要能量的组织和器官。

因此能量对人体的作用主要是：

①在一般情况下，依据机体内外部环境的特点，不断调节、控制、组织器官行使其功能，使机体可以适应内外环境的变化；

②在机体功能失常的情况下，激发和调整机体的自我修复能力，使机体可以对功能失常的部分进行自我修复。能量之所以能够在这种情况下起到激发机体自我修复的作用，是因为人体内部已经拥有自我修复所需的能力和物质，能量只是激发机体启动这一修复机制，从而使机体自行完成这个过程。

这就好像原子能发电一样。传统的发电是火力发电，燃烧煤获得电能。但在获得电能的同时，煤就已经被燃烧了。而原子能发电，是把原子置于一定的状态下，利用不同的原子相互作用，相互激发，改变原子的存在形式，从而释放出原子本来已经有的能量，但原子本身并不消失。能量中的信息对器官产生影响的方式和这种原子能发电的方式非常相像。

人体能量的运行原理又是什么呢？

首先，人体内的能量必须完成两个重要的能量循环：一是人体这个小宇宙内的能量循环和流动，二是人体与整个世界这个大宇宙之间的能量循环和流动。

之所以会发生这样的能量循环，是因为生命的内在能量是一体的、完整的，与此同时又与宇宙的能量是相通的。生命诞生，便从母体那里获得了自己所需要的全部原始能量，生命利用这些能量组成了自己的体系和系统——人体。生命内部的能量必须相互联结形成一个完整的能量，在保持整体平衡的情况下，顺利地进行循环流动，机体才能处于健康状态，生命在此基础上才能不断地调整自己以适应外界的环境，进而得以生存和发展。

与此同时，我们也必须意识到，能量不是一成不变的。随着能量在人体内完成自己的作用后被转化，被交换排出体外，生命开始吐故纳新，吸收新的能量。生命体内的所有能量均直接或间接地来自大自然（宇宙），生命体只有和大自然（宇宙）保持密切的联系，不断地进行能量的交换，才能避免能量枯竭。

因此，通过在人体内的循环和流动，人体内的能量协助身体完成细胞分裂、激素分泌、神经冲动传导等一系列生命所必需（包括适应当下情境）的生理反应。在协助机体完成这些功能之后，能量自身会发生一些改变，之后进入另外一个人体与宇宙之间的大循环，最终被排出体外。与此同时，机体也会吸纳一些新的能量进入机体。这些新进入的能量，会再次完成一个人体内的能量循环，然后被排出体外，再次吸纳新的能量。

只有不断从外界获取能量，并使体内的能量保持平衡的循环和流动，人体才能处于健康状态。

而这一状态的达成取决于生命体对这种内在能量的控制、把握和利用。人类只有通过自己的智慧把握好内在的能量，使其在人体内顺利地循环流动，并与人体外的自然能量顺利地进行交换，才能实现体内能量的平衡和协调的流动，也就是实现人体内外能量的协调统一，人类的身体才能获得真正的健康。

这种对内在能量的控制、把握和利用就是人类得以生存，并不断进化的基础。

如果人体与自然界能量的流动和交换受阻，那么人体的能量就会处于多消耗、少补充的状态，甚至出现有消耗、没补充的状态。这常常表现为精力不足，易于困倦，难以长时间集中精力等。

阻碍人体和自然界之能量流动的最常见原因有三个。

①身体患病：当身体处于不健康状态的时候，人体会集中精力处理身体的疾病，这会影响人的身心状态，进而影响人去接受大自然的能量。比如，生病的时候可能胃口就会不好，吃得少，直接影响到能量摄入。更为重要的是，当人处于生病状态的时候，整个身

体的状态会进入一种应激处理疾病的状态。因为人不可能一边让身体紧张起来以处理疾病，一边又很放松地打开身体、吸收自然界的能量。因此，在患病情况下，人体会减少能量的吸收，调整并影响通过呼吸、饮水、晒太阳等获得的能量的数量和质量。

②情绪困扰：在出现心理困扰、情绪低落的时候，人体也会主动减少一些能量的摄入。身心和谐是吸收自然界能量的最好状态。平时人们进行的活动如练瑜伽、禅修、打坐、冥想等，都是在吸收大自然的能量。从事这些活动不仅可以放松身心、减少消耗，而且可以促使人体吸收环境中的能量，并调整到一种有利于通过饮食、呼吸、阳光等获得更多能量的状态。

当一个事件使一个人产生内心冲突或产生恐惧、焦虑、不安全感时，这个人的意识活动就会增多，神经就会处在一个非常紧张的状态，而无法处于内心和谐的状态，这个时候人体就很难吸收到自然界的能量。

③恶劣的自然环境：在一些恶劣的自然环境中，比如过于寒冷或是过于炎热，也会影响机体的状态。因为此时外界的严寒或酷暑使机体处于紧张的适应环境下，人体就会对抗外界的状况，因而影响到人体对自然界能量的吸收。

如果人体内部能量的流动受阻，能量会被卡在身体的某个部位，从而致病。而如果能量卡在身体内的时间较长，则会导致能量被冻结在那里，形成深度的心理创伤或是严重的身体疾病。

2.1.2 影响人体能量的因素

人体的内部能量包括身体能量和心理能量。平时能看到的是身体能量，比如身体长什么样、气色如何；所看不到的，是心理能量。我们常常会有这样一种体会：当感觉委屈的时候，身体会有无力感；当感觉愉悦兴奋的时候，身体会觉得很轻松。因为身心能量之间是相互影响的。

打个比方，人的生命像一粒种子，孕育成长，生根发芽。种子的好坏、在什么地方落脚、获取的营养够不够，以及生长过程中发生的事情都会影响生命的质量。而且人还具备其他生物所没有的探索欲。

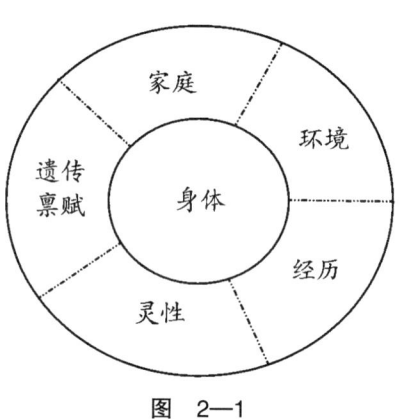

图 2—1

终其一生，人会通过各种方式来探索自我意识未知的部分，这也会影响到我们的身心能量。总的来说，遗传禀赋、家庭、环境、经历、灵性构成了影响身心能量的几个要素。

● **遗传禀赋**

人的先天精气源于父母。《论衡·气寿篇》中提道："人之禀气,或充实而坚强,或虚劣而软弱。充实坚强,其年寿;虚劣软弱,失弃其身。"传统中医学以"禀赋"这一概念来概括个体与生俱来的遗传因素及其他各种先天因素的总体影响。从人类遗传学这一角度看,禀赋则反映出个体根本差异的先天(遗传)背景的综合作用结果,具体表现在气质类型、体格特点、疾病易感性、寿限长短等方面,也就是说每个人的先天都是不同的。

人体由细胞构成,每一个细胞当中都存在着基因。基因(遗传因子)是遗传的物质基础,是DNA(脱氧核糖核酸)上具有遗传信息的特定核苷酸序列的总称,是具有遗传效应的DNA片段。基因通过复制把遗传信息传递给下一代,使后代出现与亲代相似的性状。人类大约有几万个基因,储存着生命孕育、生长、凋亡过程的全部信息,通过复制、表达、修复,完成生命繁衍、细胞分裂和蛋白质合成等重要生理过程。基因是生命的密码,记录和传递着遗传信息,生物体的生、长、病、老、死等一切生命现象都与它有关,它同时也决定着人体健康的内在因素,与人类的健康密切相关。

英国和美国学者不同时期的研究也都发现,快乐是可以遗传的。其遗传比例在50%左右。研究人员对900多对双胞胎的性格和快乐程度的数据进行了分析。由于同卵双胞胎的基因完全相同,而异卵双胞胎的基因不完全相同,所以研究人员可以分辨出决定某些性格特征及使人容易快乐的共同基因。

　　基因影响着大脑中5-羟色胺的水平。5-羟色胺是一种神经递质，对调节心情、情绪、睡眠和食欲起着重要作用。如果大脑中这种物质含量较高，人就会感到比较快乐。研究发现，人体大脑中50%的5-羟色胺来自遗传，另外一半则受到后天的影响。这就可以解释，为什么有些人天生比较快乐，而另一些人则非常容易忧郁。

● **家庭**

　　家庭是我们成长的第一个社会，父母是我们的第一任老师，家庭环境与儿童的身心健康密切相关。"幸福家庭欢乐多"，而欢乐又使人精力充沛，体力旺盛。一项调查表明，长期恩爱的夫妻，其体内会分泌多种有关健康的激素、酶和乙酰胆碱，这些物质会把血液的流量和神经细胞的兴奋性调节至最佳状态，有利于人的身心健康。在充满爱的家庭里，孩子会快乐，其生长发育水平也会比较高；而在一个破碎的、教育有缺损的家庭里，孩子会忧郁，其内分泌的活动和生长素的分泌会受到抑制，生长发育水平往往比较低。很多情况下，家庭就是这样通过心理因素来影响有机体的。

　　我治疗过一个患抽搐症的孩子，最初是面部小块肌肉不自主地抽动，随后发展成全身大面积的肌肉不自主抽动。他妈妈带着孩子来看病，我跟她开玩笑："这孩子咋长得一点不像你？"他妈妈一下打开了话匣子:"我烦死他了,他长得和我婆婆一个样。我嫁给我老公,家里什么都顺心,但就跟婆婆合不来。养个孩子,可这孩子别说走路说话的样子,就连性格都像我婆婆,一点不像我跟他爸。"我又问她:"你每天陪孩子多长时间?"她说很少,因为看见这孩子就烦,常揍他。一听这话我心里有了底,就跟她说:"如果你想少花钱把孩子治好,就要配合我做三件事。第一,你从现在开始不要打他。打孩子是个教育方法,但不是好方法;第二,你再也不要冲他喊;第三,你要拿出时间来陪他。"她非常奇怪这和孩子的病症有什么关系,我跟她保证,回家照做,孩子的症状肯定能减轻。于是她回家后不再打孩子,陪着孩子玩,连续一个月,孩子的抽搐症开始好转。但还有一个症状,就是常常会像打冷嗝一样一抽一抽的。一天她就问我:"这咋老不好啊?"我冲她笑笑,问她:"你是不是经常在孩子哭的时候,冲他喊不许哭?"她一愣:"对啊!你怎么知道?"我说:"你试着哭一下,我冲着你喊。"结果一试,他妈也这样抽了一下。我告诉她:"今天你回家做一件事情,抱着孩子,问孩子,你委屈吗?你想哭吗?"回去后,她就抱着孩子问:"你委屈吗?"孩子说:"我委屈。""你想哭吗?"孩子说:"我想哭。"他妈妈说:"那你就哭吧。"孩子哇哇地哭了起来,断断续续地哭了一天,哭完,第二天就不抽了。

在一个人成长过程中的前二十年（保守说法）是最重要的，很多个性在这二十年内定性，很难改。而这二十年约有五分之四的时间与家庭紧密相关。所以，我这样来打个比喻：我们是一棵树，家庭是我们生长的土壤，它的影响深入枝干。

● 环境

指自然环境和社会环境。人源于自然，"夫人生于地，悬命于天。天地合气，命之曰人。"人体是天地阴阳和合的产物，人与自然之间从来都是息息相关的。没有自然的阳光、水分、氧气，人根本无法生存。人是在自然界中汲取后天生长所需要的能量的。我们常常会有一种直观的体会：离开城市，进入自然的环境会有一种清新、放松的感觉。因为，自然环境中空气的负离子要比现代化城市中的多，这有利于调节大脑皮层的均衡性，使肌肉中的代谢产物减少，血流质量提高。

《晏子春秋》中讲："橘生淮南则为橘，生于淮北则为枳。"不同的自然环境对人的影响也是不一样的。举个例子，北方人普遍比南方人高。南北方身高差异的主要原因是高纬度北方地区气候寒冷，农作物生长周期长，吸收土壤中的钙营养较多，因而北方人通过食物得到的钙比南方人多，吸收利用率较高。研究表明：寒冷地区长出的土豆中的钙要比热带地区的土豆高出一倍还多。相反，在热带地区，因为气候温暖，农作物生长快，吸收土壤中的营养较少，同时人体新陈代谢快，钙营养在体内滞留时间短，吸收利用率不高，钙营养在体内储留少，因而矮小一些。

越接近自然的人，心性越自然。我们会发现，在很少见到人的大山里，如果有一个村庄，那里的人通常会非常纯朴。记得小时候，我非常愿意去我姥姥家。我姥姥家在南豪，那个村子很小。到那个村子后有一种感觉：到谁的家都和到自己的家一样。去了之后，每个家庭都会把你当客人，说："这是客人来了，不许欺负人家。"只要是外来的客人，到了那里，都会被奉为上宾，即使做错了事情，村民们也不会责怪你。后来随着经济的发展，那个村里的人，也开始走向了城市。我再去那个村庄的时候，发现儿时的伙伴很多都不认识了。即使认识，也有了心与心的距离。现代物质文明高度发达，人口越来越多，可是人与人之间，心的距离却越来越远了。在城市生活当中，人往往只隔一墙，心却远隔千里，老死不相往来。人变得越来越孤独，这种孤独感让我们内心感到非常"累"，因为得不到来自与人的联结、与自然界的联结所产生的内心滋养。

人处在社会中，就要受到周围环境的影响，不可能做到"跳出三界外，不在五行中"，超然于物外。社会的特征是人与人的相处和从事社会活动。每个人都与自己周围的人结成各种各样的人际关系，亲属之间、同学之间、师生之间、同事之间、上级与下级之间，等等。人际关系好，人就会愉快，有活力，有安全感，有信心。相反，人际关系紧张，人就会心情烦躁，自主神经调节紊乱，因而影响健康。

● 经历

人的一切情绪与经历密不可分。身体的运行状况、衣食住行情况、周围的人和事、亲历的事以及所处的外部自然和社会环境，在这一切和自己的感觉系统的互动中，我们的情绪发生着各种变化。

中医一直讲致病的几个因素，无非是六淫七情。六淫——风寒暑湿燥火之邪——是我们可以抵御的，它通过我们的皮肤进入身体。热了可以找个阴凉地，冷了多穿一些。只要我们起居有节，能按四时而生，符合自然规律，就可以抵御外界之病。七情对身体的影响就比较复杂了。黄帝内经里有五脏与五志之说，每个脏器代表一种能量，代表一种情绪。其实情绪也是一种能量。情绪在神经中的传导就像电波一样，在身体当中产生类似信息的流动。当我们感觉到这个信息是爱和接纳的时候，身体就会放松，感受到安全；当我们感觉到这个信息是排斥和伤害的时候，身体就会紧张，感受到恐惧。但一切情绪都不能过度，一个巨大的情绪就相当于高压电流。打个比方，灯泡承载220V的电压，给它一个380V的电压会怎样？灯丝会烧断。身体神经也是如此。当然每个人的承载能力会有所不同，也许有的人有情绪的当时不发病，若干年后，才会有症状出现，像前面讲的得胃平滑肌瘤的病例就是如此。

哈佛大学曾有一项调查发现：90%的病来自我们的内在，源于我们的情绪。比如说癌症。二十世纪五十年代，一位名叫劳伦斯·莱香的美国心理学家对一组癌症病人作了调查研究，他发现一个特点：癌症病人中大多数人童年便经历了失去父母或亲属的悲伤。丧亲的遭遇塑造了他们缄默的个性，成年后变得不爱交际，缺乏工作的热情和生活的理想，经常顾影自怜，郁郁寡欢。在漫长的一生中，他们经常沉溺在无望或孤独之中。在20世纪80年代，上海某医院调查200例胃癌病人后发现，他们都存在长期的情绪压抑和家庭不和睦。北京市同时期有一组资料，用对比方法分析后发现，癌症病人中既往有明显的不良心理刺激的高达76%，而一般病人中有明显不良心理刺激的只有32%。

大家都知道，癌症的特点就是不正常细胞无限制增长。而情绪，就是无限扩大一个很小的事件。我们在经历一个事件后，会产生一些观点，然后也会产生一些情绪，我们的情绪不是源于这个事件，而是源于我们对这个事件的看法。当这种情绪被无限扩大的时候，我们的人生就为这个情绪所笼罩，形成创伤。当我们的身体被一种疾病无限扩大的时候，我们的生命就会被这个疾病所笼罩，甚至会被这个疾病所夺走。当我们被一个情绪所笼罩时，我们就让情绪来管理了我们的人生。如果我们长期处于情绪当中，它会形成一种物质留在身体里，阻碍身体吸收正常的养分，造成身体器官功能失衡，从而破坏身体内部平衡体系，形成疾病。

● **灵性**

灵性是什么？通常超越了物质或超越了身心的就可以被归于灵性的范畴，也就是大部分人都认同的属于宇宙的、超越一切的力量。它涵盖很多内容，在教育、宗教、社会学及政治学等领域都会触及灵性的话题。灵性是一种无法言语的生命源泉，当我们越接近灵性的真相，就越会发现生命内在的力量，越贴近灵性，越会发现生命的美，并且体会到生命和无限宇宙之间的深邃联结，从而由内而外地绽放生命的光彩。在这里，我们姑且可以把灵性说成是体现在我们身体上的、确实存在而又无法详细解释的内在生命动力，是关于人存在层面中有关意义的陈述。比如替代性疾病，即我替我的亲人生病，我偿还家族体系当中的缺失，等等。

2.2 身体与心理能量的关系

2.2.1 五行、五脏与情绪的关系

我国古人最了不起的发现之一就是五行。五，代表自然界五类基本物质：金、木、水、火、土。行，指运动变化。古人采用"取象归类"的方法将事物或现象根据其不同的性质分别归到五行之

中,并根据五行之间的相互关系及其规律,说明各类事物或现象的联系和变化。《尚书·洪范》对五行属性作了如下概括:"五行:一曰水,二曰火,三曰木,四曰金,五曰土。水曰润下,火曰炎上,木曰曲直,金曰从革,土爰稼穑。润下作咸,炎上作苦,曲直作酸,从革作辛,稼穑作甘。"

五行之间存在着相生、相克、相乘、相侮的关系。五行的相生相克关系可以解释事物之间的相互联系,而五行的相乘相侮则可以用来表示事物之间平衡被打破后的相互影响。

历代医家为了说明人体内外的整体性和复杂性,运用五行将人体的脏腑组织、生理活动、病理反应以及与人类生活密切相关的自然界事物联系起来。

表 2—1

五行	五脏	六腑	季节	五志	五官	五味	形体
木	肝	胆	春	怒	目	酸	筋
火	心	小肠	夏	喜	舌	苦	脉
土	脾	胃	长夏	思	口	甘	肉
金	肺	大肠	秋	悲	鼻	辛	皮毛
水	肾	膀胱	冬	恐	耳	咸	骨

心、肝、脾、肺、肾合称五脏。中医运用五行的特性说明五脏的功能,如"木性生发条达,肝性喜条达而主疏泄;水性滋润下行,肾藏精而主水"。因此,肝属木、肾主水,其他脏腑也是如此。五脏生理功能之间的平衡协调,是维持机体内在环境相对恒定

的重要环节。同时，通过五脏与形体诸窍的联系、五脏与精神情志活动的内在关系，来沟通体内外环境之间的联系，维系机体内外环境之间的相对平衡。

我们在前面章节提到，情绪直接影响人的内脏能量。《素问·阴阳应象大论》说："人有五藏化五气，以生喜怒悲忧恐。"喜、怒、忧、思、悲、恐、惊，合称七情。人有七情之病，很多的疾病就是源于七情的内伤。喜，气缓，伤心；怒，气上，伤肝；忧，气郁，伤肺；思，气结，伤脾；悲，气消，伤肺；恐，气下，伤肾；惊，气乱，伤心神。"有诸内，必形诸外。"情志活动打破身体内在能量平衡，造成能量通道不畅，进而在身体上造成板结和结索，这就不奇怪了。

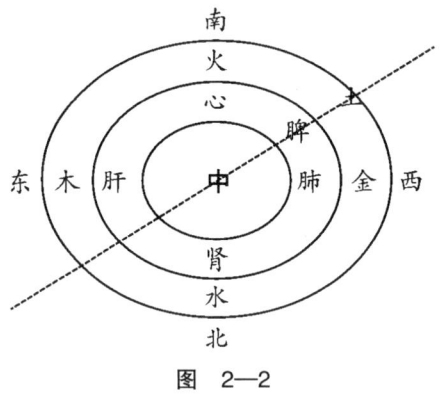

图 2—2

● 肾

肾藏精，主骨生髓，外荣于发，开窍于耳和二阴，五行属水，在志为恐与惊，在液为唾，与膀胱互为表里。

"夫精者，生之本也。""精"有先天之精和后天之精。先天之精，源于父精母卵的最原始物质；后天之精，源于摄入的饮食通过脾胃运化功能而生成的水谷精微，以及脏腑生理活动中化生的精气通过代谢平衡后的剩余部分。我们平时说精神、魄力、才思、决断力都跟肾气有关。肾其志在恐，长期恐惧则伤肾。恐则气下，是指恐惧过度，可使肾气不固，气泄于下，临床可见二便失禁，或恐惧不解则伤精，出现骨酸、遗精等症。肾虚的人内心是紧张的，容易恐惧、焦虑，是无意识的不安全，是无缘无故的惊恐、无缘无故的焦虑。

我曾经治疗过一个惊恐发作的人。男性，约五十岁。每每惊恐发作都与情绪、事件、季节无关，而是随机发作，任何时间、任何地点都有可能。在发病的十年里，他接受了各种各样的治疗，也参加了很多心理成长的课程，都快成业余心理咨询师了，但症状却始终没有得到根治。他来我这儿的前两次，治疗效果并不明显。在他第三次来找我时，我给他做了全身体检。我让患者膝肘位准备好，当我带上涂有凡士林的手套检查到他的肛门时，发现他的直肠肛管距肛门3cm处有一个像麻球的团状物，约1cm×2cm大小，中等硬（非前列腺），我开始轻轻地拨动这个团状物，他马上感觉胸闷、气短，说心脏不舒服，出现恐惧，有强烈的濒死感。数分钟后，此感觉消失。治疗结束后该患者不间断地排气，一直持续到第二天。第二天他感觉全身舒适，胸也不那么闷了。这位患者在我的工作室治疗了一月有余，症状好转，未随访。如果你仔细观察，尤其是小男孩，当受到惊吓的时候，他的睾丸一下就收到身体里去了。男性恐惧聚结的位置还有会阴穴、肛门内侧；女性恐惧聚结的位置在腰椎部位。

人带到这个世界上的其中一种情绪就是恐惧。恐惧会引发不安全感、缺失感。用不同的方式去应对恐惧，就产生了不同的人。有的人抱着这样的思想："我要把什么事情都做到完美极致，做一个完美的人，这样所有的人就都能接纳我了。"她的一生都在追求完美。

有的孩子就是这样的想法："我要对每个人都好，我要帮妈妈做好一切家务，我要替爸爸背起家庭的负担，这样妈妈爸爸就会爱我。"于是他忘记自我了，他就帮这个帮那个，做了很多很多的事情，帮助很多很多的人，可突然有一天会想说："我在哪里？"

还有一些人是这样活下来的："如果我想活好，我就要做有成就的人，我要成为一个优秀的人，被所有人赞美，怎么办呢？我要给自己树立一个个目标，一个个去完成。"但当他站在最高处时，回头看却感觉自己什么都没得到。当他觉得什么都没得到的时候，就会出现难以承受的失落感。他发现他的恐惧还是存在，他需要别人的赞美才能活下去。而当他站在最高处的时候，没有人再有资格赞美他了，他发现："我是那么孤独。人生真的没有意思。"

还有一些人是这样活下来的："每个人都要在我的掌控之下，

必须听我的，唯有如此我才感到安全。只要有一个人反对，我就会感到很不安全。我要压下去，我要掌控住，我不但要控制外界的人，还要控制我的配偶，控制我的孩子，控制我的父母。一切都要在我的掌控之中，我看你们谁敢动。无论你们谁有困难找我，我都能替你们摆平。"大家见过这样的人吗？这样的人无论是男性还是女性，嗓音都是沙哑的。因为他一直处在试图掌控别人情绪的状态中，他在用最大的能量控制所有的人，身体所有的能量被调取到上半身，下半身却是虚浮的。其实这样的人更容易得高血压、脑梗死、心血管疾病。当他独处的时候，他的恐惧感就会浮现出来。如果你告诉他"你根本就不安全，你控制这些人，可外面还有很多人不受你的控制，在你前面还有很多事情是不能预料的"，他就容易惊恐发作。

《灵枢·本脏》说："五脏者，所谓精神血气魂魄者也。"《素问·宣明五气》说："心藏神，肺藏魄，肝藏魂，脾藏意，肾藏志，是谓五脏所藏。"肾的精微物是精，我们说精神，源自心肾相交。有精神，指的是肾的精足和心的神足。心肾不足的人，不是在心脏部位有聚结，就是在腰骶部位有堵塞。肾为心之主，肾虚，心神就不足。肾虚的时候，人的腰酸腿软，脸色是黑的。肾气不足，整天无精打采、没有力量，这样的人容易抑郁，表现为情绪低落，语速缓慢，行为迟缓。

● 脾

脾主运化、升清和统摄血液，开窍于口，其华在唇，在五行属土，在志为思，在液为涎，主肌肉和四肢。《素问·灵兰秘典论》中，脾、胃被合称为"仓廪之官"，食物虽然在胃和小肠中被消化和吸收，但必须依赖脾的运化功方能转化为精微物质，并通过脾的转输和散精功能，这些水谷精微才能被散布出去，以滋养其他机体组织。脾就像国家管粮仓的官员，把粮食疏布到全国各地来营养百姓，脾还将水谷精微中多余的水分及时转输到肺和肾，通过肺、肾的气化功能转化为汗、尿排出体外。所以脾为人体的后天之本，气血生化之源。

思则气结，是指思虑过度，伤神损脾，可导致气机淤结。古人认为思发于脾，而成于心，故思虑过度不但耗伤心神，也会影响脾气。思虑过度，则伤心脾，暗耗阴血，心神失养则心悸、健忘、失眠、多梦。气机淤结阻滞，脾则运化无力，胃的受纳腐熟失职，便会出现纳呆、脘腹胀满、便溏等症。

思虑过度，容易脾虚。人会觉得自己抵抗能力差，想尽量避免所有的危险、失败，多思多虑，尽可能把事情做得天衣无缝，是有意识的不安全。脾的神是意，指才思，一个人是否灵活，大脑是否会跳跃性思维，能否同时想很多问题，源于脾气是否充足。脾虚的人不是很瘦，就是很胖。瘦的原因是脾失去了消化能力、吸收能力，食物在被转化成精微之前就被排出体外，也就是吃的东西不被吸收、不被消化。胖的原因是脾失去了运化作用，食物被吸收了，却没有被疏布，产生了湿气的堆积。喝口凉水也长肉的人也是恐惧、不安的一种表现。脾虚胖的人的恐惧是内心有个"柔弱的孩子"，于是，"我要保护她！"这种想法就会促成一个很强大的外在自我，这是一种保护内在的力量。脾虚瘦的人的恐惧是整个内心没有力量，只剩下逃避的力量。"我逃，我躲！"说话模棱两可，"可能、也许"常挂在嘴边，可能是这样的，也许是那样的，反正不肯定，我就不用负责任。所以直到找到最安全的地方，他们才能定在那里，而在安全之前，他们永远在移动，一直在思考"我要怎么办"。

想得到而得不到，是缺失，这个事件会引发很多情绪，但具体每个人产生的情绪是不一样的。如果是一个健康的人，有时候会失望，这是正常的。而有的人，产生的是委屈。有委屈的人，是因为他小的时候，对父母有期待，比如期待父母给予他一样东西，但这种期待却没有被满足，于是长大后就把这个期待放在了另一个人身上。比如我小的时候，期待我妈妈给予我爱，没得到，当我长大成家，便期待老婆给予我像妈妈一样的爱，而我没得到满足，就产生了委屈。委屈是退行的表现，而对母亲的抱怨在身体上表现为腹腔长包块。如果一个成年人做事常常感到委屈，表示他的内心有一个

"孩子"需要被满足。如果帮助他成长，让他成为一个成年人，他就不会再有委屈感。委屈的情绪影响脾的运化。

● 肝

肝主疏泄、藏血，开窍于目，主筋，其华在爪，五行为木，在志为怒，在液为泪，肝与胆互为表里。《素问·灵兰秘典论》说："肝者，将军之官，谋虑出焉。"在孙子兵法中，有一句话，叫怒则扰之。大意是说：你生气了，就扰乱你。你更生气了，会怎样？就没有谋略了。一个人若在愤怒时要作决断，但没有谋略，这个决断就会出现错误。《素问·举痛论》所说"百病生于气也"，情志所伤，影响的首先是气血。肝的疏泄功能在于调畅人的气机。肝的疏泄功能正常，则气机顺畅，气血和调，心情开朗；反之，人就容易抑郁。肝气过盛，容易急躁，容易发怒。

《素问·阴阳应象大论》中说"暴怒伤阴""怒伤肝"。脏腑气血病变可出现情绪急躁易怒。《素问·四时刺逆从论》说："血气上逆，令人善怒。"《素问·举痛论》说："怒则气上。"《灵枢·本神》说："肝气虚则恐，实则怒。" 发怒是人在自身受到威胁或压力时的一种情感宣泄，是一种自我保护性的情绪发泄。一个人是否易怒，跟这个人的成长经历又有着很大的关系，如果小时候的成长经历不好，受到的负面影响较多，那他便会缺少安全感，一旦受到压力，就会用怒火来武装自己、保护自己。

应对愤怒，我们要看到他的恐惧，只有这样，才能解决他的愤怒。愤怒，有两个层面，一个层面，就是你侵犯了他的安全底线，他就愤怒了。比如说，在抗战期间，我们之所以对日本人恨之入骨，是因为他们破坏了我们的家园，侵略了我们的国土，让我们不得安宁，让老百姓生灵涂炭，所以我们对日本人产生了愤怒，把他们赶出了中国。这是一种愤怒。还有一种愤怒，是控制别人，希望对方按照自己的要求做事。这个控制，很多人认为和恐惧没有关系，其实是有联系的。这个恐惧就是，别人没有按他的要求去做，他会感觉到不安全，这是一种深层次的不安全。如果你告诉他，这个事情做得不好也影响不了大局，他还会有愤怒吗？可能会降低。他是怕你做坏了那么一点点，会影响到内部。这也是一种安全需求。

气大伤肝。人易怒首先会得肝类疾病，气到一定程度，还会出现"弃衣而走，登高而歌"。有气疯的人出现精神分裂的症状，但这种分裂是临时性的，临时失去了神志，不是器质性的。肝主谋略，肝气过旺则扰乱心神。凡是这样的人，在背部对应的区域（胸8~10节）就聚结得很厉害。我在两个月前收治的一个病人，就是这种类型的精神分裂。他得病三年，有躁狂症状，容易打人、砸东西，有被害妄想。他每天说："有人在跟着我，在骂我。"走在路上会无缘无故回头骂别人一顿。他还说，楼下每天有一帮人盘算着怎么杀了他。这种妄想是大脑中不正常的脑电波产生的。由于他长期生气、郁闷，因而导致了大脑神经方面的障碍。如果我们解决了这个问题（肝区的问题），他的症状就能得到改善。第一天，我让两个人摁着他，先把他背后聚结的部位疏通。肝经包绕着男女生殖器上行，肝气容易在那里淤积，我再把这个地方疏通，让他的肝气宣泄下来。第三天他明白过来，不再打人，开始配合治疗，后来疗效很好。

长期郁闷、积压情绪的人，也容易患肺部疾病。积压的愤怒会使人咳嗽，因为这个愤怒没有得到充分的宣泄，怒使气上，这个情绪冲击出来，淤积到肺的部位，就会影响肺经。肺经燥热，就产生了这种干咳。

说到肝的时候还要提到胆，所谓肝胆相照。胆是六腑之一，"中精之府"。"中正之官，决断出焉。"肝主决断。如果人的胆精不足，他就没有决断力，做事的时候，优柔寡断，有的则表现为不敢承担责任。承担责任也是一种决断，凡是涉及承担责任的话题，他都不敢说出来。肝脏分泌胆汁，能帮助脂肪的消化吸收。胆囊有储存和浓缩胆汁的作用，如果胆囊有疾患，储存胆汁的功能下降，就只能极少量或不能摄入油腻食物。第8和第9节胸椎发出的神经根通胆囊，患有胆囊炎的病人，这里会疼，右侧肩胛也容易出现放射性疼痛。有句话说"胆吓破了"。惊伤胆，肝其志为怒，胆其志在惊。

● 心

心为神之居、血之主、脉之宗，在五行属火，起着主宰生命活动的作用。"心为君主之官，神明出焉。"张介宾在《类经》中指出："心之脏腑之主，而总统魂魄，并该意志，故忧动于心则肺应，思动于心则脾应，怒动于心则肝应，恐动于心则肾应，此所以五志唯心所使也。"心主血脉，血液是神志活动的物质基础，所以把心称为脏腑之主。

心主神明。中医讲神有广义和狭义之分。广义的神是指整个人体生命活动的外在表现，即凡是机体表现于外的"形征"，都是机体生命活动的外在反应。所谓"得神者昌，失神者亡"。狭义的神是指人的精神、意识、思维活动，不仅是人体生理功能的重要组成部分，同时，又反过来影响人体生理功能的协调平衡。

心在志为喜。《素问·举痛论》说："喜则气和志达，营卫通利，故气缓矣。" 在正常情况下，喜能缓和紧张，使营卫通利，心情舒畅。但暴喜过度，又可使心气涣散，神不守舍，出现精神不能集中，甚则失神狂乱等症。故《灵枢·本神》说："喜乐者，神惮散而不藏。"大喜使心血涣散，心血抱在一起，又忽然之间散开了，意即散神。《素问·调经论》指出："神有余则笑不休，神不足则悲。"悲也伤心。悲，痛也。《灵枢·五邪》说："邪在心，则病心痛喜悲。"大喜和大悲，都是伤心血。心火过大，会灼伤肺，灼伤三焦，造成上呼吸道感染，得感冒。这样的人容易产生的观点是：别人太慢了，真让我着急，也就是操之过急。而如果心力不足，人会很无力，就会产生无价值感、无能感。

心不受邪，心脏受邪，生命就会受到威胁。正如一个国家，即使当权者犯了错误，也不能把他拉出来枪毙一样。心包经像一个国家的宦官，"臣使之官，喜乐出焉"，他带着皇帝出去游玩，这有好玩的，那也有好玩的，皇帝犯错，拿他开刀。所以所谓伤心，伤的就是心包经。心包经的经筋分布在前胸和后背，而心脏神经分布的地方在左侧的肩胛与脊椎之间上，这就是为什么伤心或心脏不好的人，左侧肩胛心俞区域会形成条索的原因。

人在面对失去的时候会产生悲伤的感觉，比如说失去亲人。亲人离去，这种悲伤每个人都会有。面对亲人的突然离去，如果是当下的悲伤，哭过之后，看清事实，是能走出悲伤的，但是这个悲伤过大就会得病。悲伤过大，不是得肺病，就是得心脏病。《素问·痿论》说："悲哀太甚则胞络绝，胞络绝则阳气内动。"《灵枢·本神》说："肝悲哀动中则伤魂。"《素问·宣明五气》说："精并于肺则悲。"心脏的这个悲里面，还有其他情绪，比如悲伤过后还有失落与委屈。很多的情绪都是互相转换的，比如失望也会影响心脏。我后面会讲到一个案例。

当我们劝慰一个失去亲人的人时，首先要看清楚对方需要的是什么。如果对方只需要你坐在他身边陪伴，那你就静静地坐在他身边陪伴。他掉眼泪，你就递给他纸巾，告诉他，这个悲伤是值得哭出来的。之后告诉他，这个逝去的人，希望他活得更好，问他能不能向离开的人作个承诺，这样就可以获得一种力量，一种支持性的力量。然后再提，有很多的亲人为他担心，比如妻子、孩子、朋友，这又是一个支持系统。当一个人的内在存在很多支持的力量时，他再向离开的那个人作出承诺："你走好，我会活得很好。"如此，不仅悲伤得到了宣泄，他还得到了内在的温暖和支持。离别的悲伤，我们都会有的，而这时我们需要的，是陪伴和支持。

心脏患疾病的极端情况是猝死，我们通常叫它"过劳死"。猝死是指平素以为健康的人由于潜在疾病或功能障碍而突然死亡。很多年轻有为的人，三四十岁就因劳累过度、劳心过度、熬夜、伤心而早逝。劳心、熬夜、压力大、伤心，在这样的状况下患心脏病的风险很大。

心血管病，最主要的是冠状动脉粥样硬化性心脏病，简称冠心病，表现为冠状动脉粥样硬化，血管变窄、阻塞，以致心肌缺血、缺氧。关于冠心病的病因生理机制学说，其中有一个是脂质浸润学说：血脂代谢异常，造成脂质（主要是胆固醇及胆固醇脂）侵入血管壁，沉积并刺激中层平滑肌细胞和纤维细胞增殖包绕沉积的脂类物质，而形成粥样斑或纤维脂质斑块，它向管腔隆起，并可有钙盐沉着。纤维脂质斑块失去了血管壁的正常结构，会比原来易破损，形成血栓，造成管腔进一步变窄。它在短时间内会形成一个松软的血栓，时间长了会有不同程度的钙化。心脏血管的狭窄程度小的时候，机体是可以代偿的，但是超过一定的程度则会形成症状。如果是特别大的血栓，其形成时间短，受阻部位没有形成良好的侧支循环，基本上没有缓冲，易发生大面积的心肌梗死，发生猝死。血栓形成，做血管造影和冠脉CT都可以看到，人的血脂代谢有问题，使脂肪在血液中产生囤积。这个囤积，并不是局部的，是全身性的，流到哪里，堵到哪里！过劳就是影响了人体的代谢功能，造成脂肪在血液中的囤积。

如果能够强化体内代谢功能，使身体内的脂类转化成能量，代谢出来，就不会形成血管硬化了。我治过一位老太太，六十多岁，颈动脉一边堵了60%，一边堵了70%，她走路都晕。医院准备给她做手术，后来发现，堵的地方太多了，就没做。我强化她的代谢功能，促进其整体血液的代谢，把里面囤积的脂肪都代谢了出来。治疗了大概一年，现在她可以做些较轻的体力劳动了。她再检查时，发现她颈动脉堵的地方，减少了近50%。

中医讲气血。心血管淤积，冠状动脉硬化，其原因只是代谢紊乱吗？不是，还有心理问题，心理问题影响气。气血之间又存在着"气为血之师，血为气之母"的关系，所以一个人内心力量不足，会造成气弱，血液的流动马上就会变慢。当人内心有很多负面情绪时，身体的某些器官就会受到影响，产生很多有毒物质，囤积在血液里。在医院工作的人应该会有这种体会，即有的病人来到医院，家里的儿女照顾得特别好，这样的人即使病得很重，也有康复的可能。如果一个人得病很轻，但是儿女不孝顺，甚至都恨他，他活下来的力量就不够，就有可能从一场小病变成一场大病，还有可能因此而离去。

曾有这样一个案例，有一个护士在肝炎病房把病人床卡放错了，对调了一个病情严重的患者和一个病情轻微的患者的床卡。查房的时候，医生对那个病情严重的病人说："没事，你过几天就能出院，慢慢养，能好的。你这只是一个很轻的问题。"而对那个病情轻微的患者的家属说："这个病人呢，想吃什么就给他吃点什么，基本没什么救了。"过了一段时间，这个重症肝炎的人，病情开始有所好转。可是很轻的人，病情却越来越重。这是什么造成的？是情绪。病人是很敏感的，家人的变化使这个病人产生了恐惧。

人在得到支持、产生求生的欲望的时候，内心的力量会很强。就拿心血管疾病来说，一个人得了冠状动脉硬化，产生了血栓，心梗，如果给他亲人的关爱、朋友的关爱，他内心当中就会产生很多的支持，如此他的心血管、脑血管病症便能得到一定程度的缓解。

● 肺

肺主气、司呼吸，主宣发肃降，其志为忧，在天为金，其色为白。肺的神是魄，肺虚，魄力会不足。人的生命就在一呼一吸之间。肺吸进清气、排出浊气，调节全身气息，疏通和调节体内水液，辅助心脏，推动和调节血液的运行。"食气入胃，浊气归心，淫精于脉，脉气流经，经气归于肺，肺朝百脉，输精于皮毛。"全身的血液都汇聚于肺，通过肺的呼吸，进行气体交换，再输布到全身。如果一个人的颈椎部是凸出来的，那么就说明这个人有很多的愤怒；而如果是塌进去的，那么就说明这个人有缺失，没有力量。当这个地方塌进去之后，肺的供氧量就会减少，肺的组织就容易产生聚结，不通畅。

忧伤肺，忧使气郁。长期忧虑，总是有忧伤的感觉，肺就容易出问题。如果要解决这个忧虑，该怎么办？让他多看喜庆的东西，看到正向的力量。一个忧虑的人，如果我们经常让他看到这个世界是美好的，看到他想看到的结果，那这个忧虑就解决了一半。在我们古代，对于得肺结核的病人，有一种家庭治疗方法，就是冲冲喜，就好了。林黛玉要真的嫁给贾宝玉，没准她就死不了了。喜为火，火克金，高兴就能克制忧虑。

注意，七情对脏器的影响不仅仅局限于一两个脏器。五脏构成了身体能量的整体调节体系，往往牵一发而动全身。比如悲，伤胃、肺、心；忧、愁、思、虑亦伤心。

● **五志的转化**

人的情绪是非常复杂的，常常相互转化。"恐生怒，怒生喜，喜生思，思生忧，忧生恐。"

中医利用五行相生相克的原理治疗情志引起的疾病。"怒胜思，思胜恐，恐胜喜，喜胜忧，忧胜怒。"

一个人在非常愤怒的时候，应该怎么应对呢？注意金

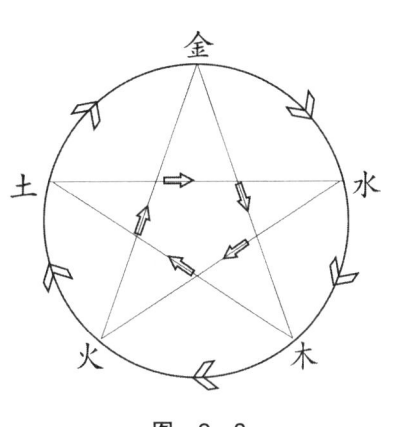

图 2—3

（肺）克木（肝）。打个比较极端的比方，匪徒绑架了一个孩子做人质，威胁说如果不满足他的要求就杀掉孩子，那谈判专家要做什么呢？谈判专家应该说："如果你杀了这个孩子，你走得掉吗？"让匪徒忧虑，忧虑的情绪大过愤怒，这个愤怒值就会降低，这就是在危机干预中的做法。大家都知道历史上范进中举的故事。范进中举后，大喜，喜使气缓，失去神志，邻居们跑去喊来了他的老岳父。老岳父看到范进疯癫的样子，上去给了他两巴掌，他一激灵，好了。为什么呢？因为他怕他老岳父，水（肾）克火（心），恐能

胜喜,所以挨了两巴掌,范进就缓过来了。

金代有一名医叫张从正。有一次,一位大将的母亲突然间去世了,大将特别悲伤,大哭后,肺上长了个瘤,用了很多药都不管用,于是请来了张从正。张从正问了这个病的原因之后,就穿上女人的衣服,抹上胭脂,带上乐器,在大将面前跳舞。大将一看,哈哈笑了出来,笑完了,这个瘤就没有了。其实,肺部得这个瘤就是因为气郁结在那里。一个人在悲伤痛哭后,注意,是忧使气郁,伤肺,肺为金,用什么去克呢?用火,就是喜。

还有一个员外的夫人,得了一种病,因为长期思虑过度,茶饭不思,失眠得病,也是找来了张从正。张从正问清病因后,就对员外说:"这个病用药物是不管用的,所以需要你配合我。"员外答应。于是,张从正就当着员外老婆的面和员外说:"我看一次病需要三千两银子,还要找两个人陪着我好吃好喝。"当天晚上,老员外就摆上酒席,让两个丫鬟一起陪着张从正,开始吃喝,后来喝多了,当天晚上就没法看病。张从正拿上三千两银子就走了。第二天,第三天,依然如此,到了第五天的时候,员外老婆急了,大发雷霆,说这是什么大夫啊,吃了,喝了,拿了,也不看病。大怒之下,当天晚上就进食吃了很多东西。这是为什么呢?思伤脾,脾为土,木克土,木为肝,大怒之下,克了思虑,就好了。

还有一位小姐,住客栈的时候,遇到了歹徒,抢了她的东西。

从那以后，就得了一种病，就是惊恐症，只要一听到门窗响，就会害怕。她于是找到张从正给她看病。张从正就让两个人搀扶着小姐，坐在一个高凳上，脚离地很高，在高凳前面放着一面鼓，叫小姐闭上眼睛，然后敲一下鼓。小姐一听鼓声，一激灵，马上睁开眼睛，却看见是张大夫在敲鼓。然后，张从正再让小姐闭上眼睛，继续重复，直到小姐不再害怕。接下来，张从正把鼓移到小姐看不见的地方，重复同样的事情，直到小姐不再害怕。接着，张从正再去敲窗，再去敲门，直到小姐都不再害怕，病就好了。这种治疗恐惧症的方法就相当于心理治疗中的系统脱敏法，就是情绪相克，恐则平之。

2.2.2 身心冰山

最早提出冰山理论的是弗洛伊德。他认为人的人格就像海面上的冰山一样，露出来的仅仅是很小的一部分，即有意识的层面，剩下的绝大部分是处于无意识状态的，而这绝大部分在某种程度上决定着人的发展和行为。我个人比较欣赏萨提亚的冰山理论，借以描述身体能量。萨提亚的冰山理论，实际上是一个隐喻，它指一个人的"自我"就像一座冰山一样，我们能看到的只是表面很小的部分——行为，而更大部分的内在世界却藏在更深层次，不为人所见，恰如冰山。每个人都有自己的冰山。只有认识到自己的冰山，你的人生才会有所改变。

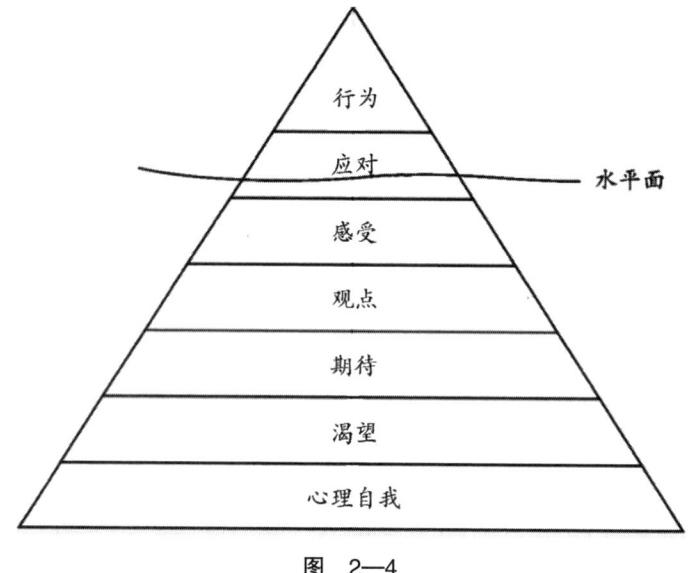

图 2—4

①行为——外在的表现行为。

②应对——为了满足我的期待,我要怎么做。

③感受——当下的情绪。

④观点——信念,假设,主观现实,思考,想法,价值观。(只有满足了我的期待,我才能感觉到被爱……)

⑤期待——对自己、对别人的期待,以及来自他人的期待。(比较个性的需求)

⑥渴望——希望得到:爱、接纳、归属、创意、联结、自由,等等。(人类共通的东西)

⑦心理自我——灵性,灵魂,生命力,精髓,核心,存在。

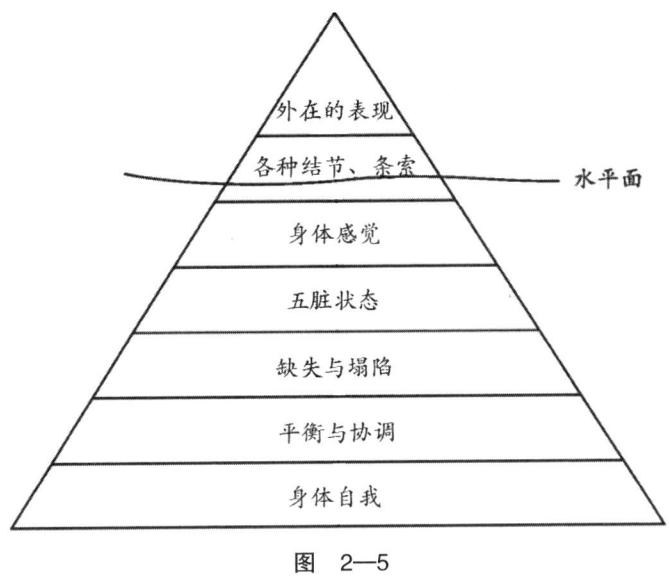

图 2—5

而身体也可以被描述为一座冰山。

①外在的表现——身体态（健康态、疾病态）。

②各种结节、条索——应对模式（接受、逃避、攻击等）造成身体的结索。

③身体感觉——酸、麻、肿、涨、痛、痒等机体感觉。

④五脏状态——各个器官的生理状态。

⑤缺失与塌陷——以脏器为中心的身体能量表现。

⑥平衡与协调——神经、体液（血液、淋巴）与身体当中的经络、韧带、筋腱等构成整体的能量通道。

⑦身体自我——心理能量与身体能量。

身体能量的冰山帮助我们觉察和面对自己的身体状态,再结合心理的冰山,我们便可以更清晰自身的能量状态,从而开发和联结生命中宝贵的资源,获得来自内心的生命能量。

● "平人"的冰山

中医谈人的健康包含两个要素,"形""神"。我们讲的"平人",意味着形平,神也平。"身心皆平,谓之平人,形神皆俱,乃能尽终天年。"平人就是健康的人。

一个健康的人,不仅体现在拥有柔软、富于弹性的身体,更表现在对自己能做出恰当的自我评价,能体验到自己存在的价值,对自己的能力、性格、优缺点能客观评价;同时,能接受自己,对自

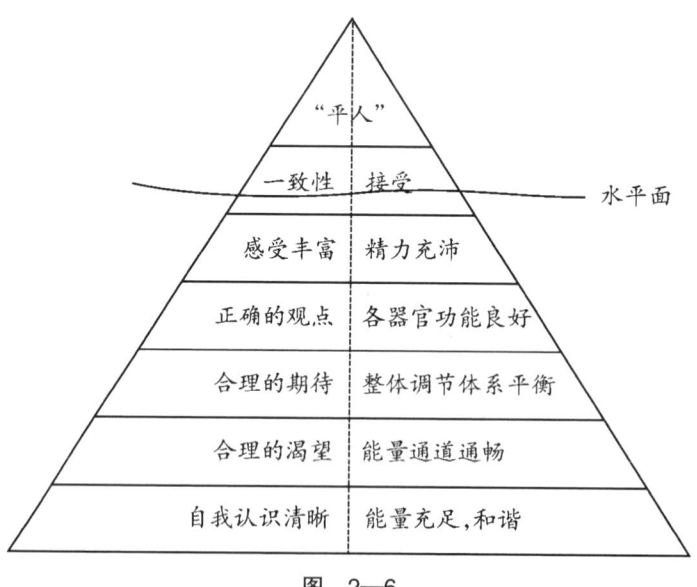

图 2—6

己抱有正确的态度，不骄傲也不自卑。他们以接受的方式看待世界，容易认识到事物的真实性，对事物产生正确的判断和恰当的情绪。针对不同的情景，同时关注自我和他人的感受，以和谐的方式体验自己的人生。他们的生命能量是和谐、丰富、流畅的。

● **健康失衡的冰山**

在这个社会上，有形形色色的人。每个人的人生经历不同，成长环境不同，自我层面的资源不同，对个人的认识和评价也千差万别。心理不健康的人常缺乏自知之明，对自己的优缺点缺乏正确的评价，容易自暴自弃，或是自高自大、自我欣赏，自我评价不合理甚至歪曲，看任何问题都容易产生曲解，进而产生不良的情绪。

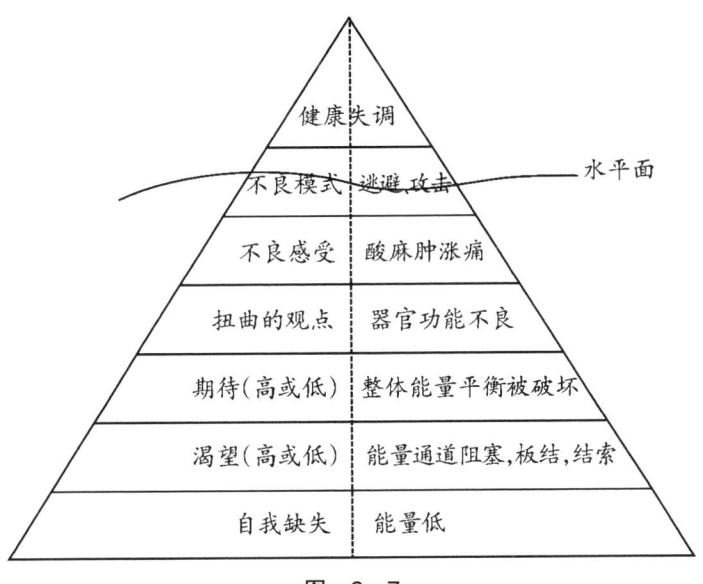

图 2—7

情绪分三个层面。第一，是无意识的情绪，我们觉察不到情绪的来源，但经常能感觉到它，比如说无缘无故的恐惧，没有缘由的焦虑，这就是无意识情绪；第二，是前意识情绪，通过思考、回顾或者做一些工作，就能觉察到的情绪；第三，是意识当中的情绪，出了一件事情，我们马上就会产生某种情绪，而且能觉察到我们为什么会有这种情绪。这个情绪，是事件引起的情绪，但这个事件真能引起我们的情绪吗？在认知心理学理论中，有一个最主要的理论，就是ABC理论。ABC理论是这样讲的：事件本身不会给我们带来情绪，是对事件的认知、评价或解释带来了情绪，当我们改变了对事件的认知、评价或解释，就改变了情绪和行为方式。

处理情绪的方式无非三种：接受、逃避、攻击。接受情绪的人更容易觉察到情绪的发生和来去，明白情绪产生的原因，和情绪充分地接触。情绪对这类人之身体的影响就像在水面上划过，会有一些痕迹，但很快就会消失。攻击的方式有对外、对内之分。对外攻击的人表现为指责和愤怒，对外界的评价是："都是你们不好。"一直用这种方式应对情绪的人大都脖颈厚重，容易得高血压、甲亢；对内攻击的人则表现为自责和委屈，对事件的解释是："都是我不好。"长期自责的人，生命力会降低，骶骨区域容易板结，容易得抑郁症。以逃避方式处理情绪的人是不敢面对自己的情绪，他们要么对自己的情绪视而不见，像处理地毯下的灰尘，看不见就当没有，要么就给自己营造另外一个世界，沉迷其中，不跟现实发生联系。他们对世界的看法常常是："这个世界不安全。"这类人群容易得生理性疾病和系统性疾病。

长期情绪失调必然会打破各个脏器生理功能的平衡，造成身体能量的失衡，产生疾病。由情绪失调造成身体的不同结索，我们会在下一章的身体背部图中进行详细说明。

● **解读冰山**

冰山是动态的。它呈现的是一个人生命的状态。生命，每时每刻都在变化、成长；生命的能量片刻不停、川流不息。我们现在触摸的身体是一种状态，也许明天摸起来就不一样了，因为它是变化的。画冰山的目的，就是让我们在探索冰山的同时内省自己：此时此刻我们的身心发生着什么，还有什么样的成长空间，我们拥有什么样的内在资源。

当我们去内在探索的时候，我们会发现，身心能量冰山是那么丰富，它的每一个层面都发生着不同的变化。我们刚刚来到这个世界的时候，冰山都是非常纯净、柔软、自然的。现在回头看看，在什么时候这个冰山开始发生了变化？

一路走来，我们认为学到很多知识，我们忙着追求财富、地位、名誉、爱情，死死地抓着我们以为可以拥有的一切，形成一个个堡垒，以期保护我们不受伤害。我们得到了什么？我们又失去了什么？面对我们此时此刻的冰山，你的内心发生了什么？想为自己做些什么呢？

2.3 家庭中的五行平衡对身心能量的影响——五行系统动力

接下来，我们讲一下家庭关系对我们身心健康的影响。

下页是一张家庭的五行图，注意，五行图是我们中国传统文化中一个非常重要的部分。它不是道，而是一个工具。我们可以用一张家庭五行图来探讨家庭关系的合理性。

在这个五行图中，上，为火，是一个家庭中的男主人。火在哪

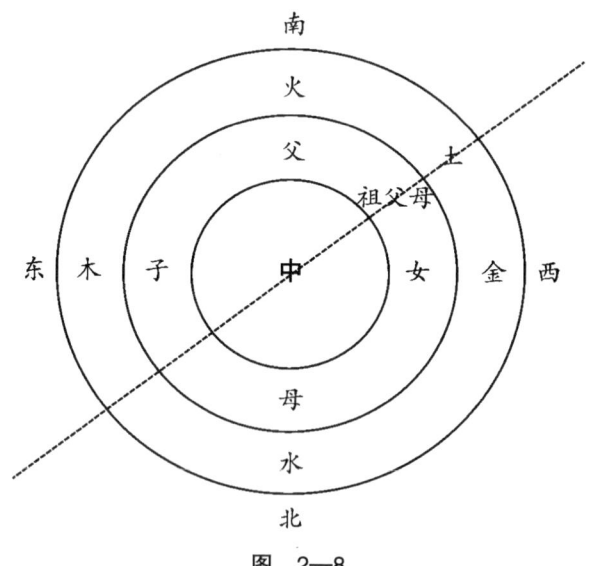

图 2—8

里最不热呢？火在根部最不热，这个根部是哪里？在下，为水，是一个家庭中的女主人。如果没有下面这个基础，也就没有男人的宽容了。左，为木，是儿子的位置；右，为金，是女儿的位置。金是生水的，而女儿，又是下一个家庭的水。金生水，水养金，而水，是生木的。所以，为什么叫生养呢，就是生儿养女，妈妈生一个儿子，养了一个女儿。生养生养，有生有养，我们生养孩子，成之，养之，育之，教之。这是中国的传统文化。

五行图中，男人在天，给一个家庭带来安全感；女人在地，厚德载物，滋养家庭的成员。天地的交合，产生万物；男女的交合，产生儿女。儿子在左，木位主生长、生发，代表家庭生机勃发的力量；女儿在右，金位主清洁、收敛，代表家庭柔美、娇嫩的美。一个家庭当中，最重要的，是天和地。而在中国的传统文化中，家庭真正的根源在哪里？在中间的土位。这个中间位置，是我们所有的家庭文化、家庭传承。我们家族系统带来的传统文化、礼仪、道德等，支撑起了这样一个完整的家庭。这就是完整的家庭五行图。

当我们有了一个完整的家庭五行图后，我们应该如何面对、接纳这个五行图，找到自己应该在的位置，使整个家庭和谐呢？

首先，我们要找到我们的根，找到一个家庭的根本，就是五行图中的中间位置，就是我们的家族系统。中间是化，化是什么？是长夏。长夏是什么？是夏天刚过去，要结果还未结果的这个时间段，属伏。那个时候什么最多？雨水、阳光和温度。这里蕴藏着一代又一代的孕、长、收、藏、化，这里代表着我们的原生家庭，包括爸爸的原生家庭、妈妈的原生家庭，都汇聚在这里。在我们认识到我们的根、我们的家族系统后，我们要让这个根归位。如何归位？敬畏，臣服！有人说："我恨父母。"但那是他自己的纠结，我们没有资格恨我们的父母。心理学告诉我们首先要接受的人，就是父母。无论父母是怎么样的，哪怕父母是一夜媾和生了我，我也得接受这样一个事实：他们给予了我生命。只要是我们的父母，我们就要尊重他们，感恩于他们。

当你去了解你父母的人生时，你会产生一种敬畏，他们用自己的方式演绎了一个生命的历程。当你臣服于你的这一敬畏时，你就把父母摆回了他们原本的位置了，你的家庭才恢复了这个家庭原本的循环！而我们自己，在做父母的时候，不但要从我们家族系统的中间获得传承，还要懂得从外界吸收、发展，我们要和自然界联结，和社会联结，从中学会新的知识、新的文化，以支撑我们自己。你才能真正懂得父母在他们的条件下已经做到最好，已经值得我们佩服和尊重了。

其次，当我们让我们的根归位后，接下来，就是要做好我们自己，找到我们自己的位置。天地之中，男人像阳光一般照射着大地，而大地的水分升腾，女人对男人进行滋养。如果男人的阳光不够，照射力不足，女人就会反过来不尊重他。男人不能给家庭和妻子带来安全感，就会去到本该是女人的水位或是儿子的木位，不在原本的位置了。而在五行当中，女人的卦象是坎（☵），中间的长横线表示阳，两个短横线表示阴，阴柔的水分都在表层，而她的内在是刚强的。如果表层阴柔的水分都没有了，就翻到火位。女人的火比男人的还厉害！就像武则天，她治国的时候，比她的男人治理得好。女人来到本该是男人的位置，这就产生了本末倒置，这个家的位置就颠覆了，这个五行就颠倒了。而在这样的家庭中，特别容易造成儿女的错位：儿子缺乏承担性，女儿过于承担家庭的责任。孩子找不到自己正确的家庭位置，在未来组建自己小家庭的时候也会造成新家庭五行的错位。

如果我们是家庭中的男主人或者女主人，要让我们的家庭五行回位，我们得先让我们自己归位。如何归位？就是除了接纳、臣服、敬畏、尊重以外，我们本身才是改变的根源。如果我们自己改变了，整个家族也会跟着改变。一切的改变源于自己。当我们臣服和尊重我们的父母、祖先及整个家族系统时，他们的内在关系就会和谐、稳定，而我们的内心就会得到安宁、平静、柔和、协调。当你的内心安静和平和了，静到了稳如泰山的程度，你就自然回到你原本的位置了。当上和下稳定了，并尊重和臣服于中间，即尊重和臣服于我们的父母、祖先及整个家族系统时，那家庭中的儿女就会自然而然地按照他们应该在的原本的位置健康成长了。

第三,在五行图中,儿子的位置,也叫生春。父亲给儿子什么?生的能力,生发,开放性,他才能充分地生长。母亲给木水分,父亲给木阳光,他才能生长,他既要得到爱,也要得到烘烤。烘烤是什么?就是考验。在古代,父亲会带着儿子去打猎,去磨炼他的韧性,磨炼他的勇敢性。在远古,一个男人向一个女人求婚,送的第一个东西是什么?是猎物。你有能力打到猎物,你才有能力养一个家。

而女儿的位置,也叫收秋。她需要父亲的能力是什么呢?火,要化去金的锋芒,才能回归到柔软、矜持、收敛。如果夏天没有充分的阳光,秋天的收成肯定不好。一年四季中,如果没有夏天火的烘烤、阳光雨露的滋润,作物得不到充分的生长,那秋天的果实是瘪的,就没有好的收成。我们古代,说女人在家,要学很多的知识,琴、棋、书、画,所以,里面是丰满的,外面是温柔的,就如女儿的卦象兑(☱),就是外柔内刚;父亲化去女儿的锋芒,而母亲给予女儿滋润,这样,秋天会出现什么样的女儿?内在、外在都非常美丽的女人!她再去组织的小家庭,才是一个圆满的家庭,培养出来的孩子肯定出类拔萃!

最近这些年,特别是改革开放以后,随着生活水平的发展、提高,我们的家庭渐渐出现了一个问题:一群人围着一个孩子转。我们把孩子放在哪里了？放在了土的位置（中间）。当我们把孩子放在中间的时候，我们对他，就都是跪拜了。孩子会产生什么样的性格？自我为中心型、依赖型、偏执型，他会有很多的缺失。因为孩子没有待在他自己该待（木或金）的位置上，他跑到中间来了。而中间是个供桌，大家都在膜拜他。他就在想："我是谁啊？"他弄不清了。然后会反过来对爸爸妈妈发号施令，指着爸爸骂一顿，对着妈妈喊一顿。而爸爸妈妈则唯命是从。曾有一个来访者的小孩子，我问他："你希望你爸爸妈妈怎样对待你啊？"他说："我希望我要什么，爸爸妈妈就给我什么。不要管我，想不上学就不上学，想做什么就做什么，想吃什么就吃什么。"

还有一个男孩子的妈妈跟我说，她看到自己二十一岁的儿子就哆嗦。儿子要什么，她就给什么，她就是怕他。在五行图中，儿子（木）反克其母（水）了。这孩子就像一棵树，乱长，得不到修理。为什么会这样呢？因为父亲（火）的力量不够，制约不了儿子。而母亲呢，又没有能力。这母亲问我她该怎么办，我说："回去告诉你儿子，你提出的要求，我是可以不满足的。因为，我是你妈妈。你必须首先做到尊重我，我才会养活你。"她妈妈从那天开始这样做了。后来她告诉我她儿子不再跟她发脾气了。为什么呢？因为这孩子开始有界限，懂规矩了。

亲子教育，我觉得要从规矩上多教育。现在的孩子，很少缺乏爱，往往是得到的爱太多，都泛滥了。爱是什么？是水。爱得太多，就是水分太多了，养出来的孩子都是娘娘腔。为什么呢？因为这孩子已经不懂得承担压力了。当一个人不懂得承担压力，就真的是软了，不是柔软。他没有柔，只是软，你捏下去一点，他就起不来了；压下去一点，他就起不来了；让他趴下，他也就站不起来了。柔是什么呀？弹性，能压下去，也能恢复原样，这才是柔软。

在我们的家庭当中，我们教育我们的儿女，要有三点：第一点，开放性；第二点，责任性；第三点，创造性。而女孩子，有男孩子的一部分，在卦象当中，也是这样的。所以，女孩子发展事业也是可以的，当皇帝也是可以的。关键是，在潜意识当中，是否愿意，是否接受？什么叫一致性？就是我清楚地知道，我付出的是什么，我要得到的是什么，这样的人，就是一致性的，就是健康的人。如果我清楚地知道，我承担了家庭责任，我愿意。我潜意识当中是愿意的，是通畅的，我就可以去承担。如果只有一个女儿，就不养父母了吗？她照样要养，她有责任性。她也有创造性，她最初的创造性是什么？是生孩子。所以，女人的创造性一点儿不比男人差，甚至比男人强大。万物由哪里来的？大地生长，是不是？如果一个人，能开放、接纳、包容地接受命运给他的一切，那他就是健康的，他就能返璞归真，回到自然状态，回到健康状态。

现在学习传统文化的人越来越多了，这是值得我们庆幸的事情。入则孝，出则悌。如果我们家庭中间的根，即我们的家族系统，是深远的，是厚重的，它就能承载这个家庭，这个家庭体系就是有文化的、有教养的，孩子也有一定的规矩。然后，我们再给予孩子足够的责任性、开放性，鼓励、支持他们去创造自己的事业，母亲给予支持，父亲给予引导，家族系统给予大的系统文化，孩子就能健康、和谐、成功。这就是我们传统的阴阳五行文化。

我们现在讲的是一个大的系统，在一个家庭当中，就是这样的。我们会发现，男人的卦象，艮（☶），如果我们颠倒过来，就是震的卦象（☳），所以，男人发火，就像爆雷一样，就是威。男人翻过来，就是翻云覆雨啊！天行健，地厚德载物。天，有天的四时运行，春夏秋冬，风火雷电，这就是天要做的。男人，如果缺失了这个部分（卦象中的上面的一阳），就没有雷电了，连发火的能力都没有了，他不敢，就只剩下雨了。其实，男人，在家庭当中，就是保护者。就如雄狮头领，在狮群中，就代表着天，一爪定乾坤。守住自己的领地，才能让一个家庭得到安全。如果我们在一个家庭当中，没有父亲，那么这个家庭就会没有安全感。这也是很多家庭产生许多疾病的原因。

我们在做个案的时候，如果一个人没有安全感，我们让他想象，列祖列宗站在他背后，把手放在他的后背上，他就有了安全感了。你可以想象你的列祖列宗就站在你的背后，给你的支持，父母就站在你的背后，把手放在你的后背上，他们都在支持你，给你力量。有这样一个大的系统在支持你，你心里会有什么变化呢？你的心里会有一种力量、支持的力量。

我们讲了天和地，男和女，父和母，儿和女，阴阳和五行。我们讲到了中央土，代表着文化、系统、支持。中央土，不仅代表着我们的家族系统，还代表着在我们的一生中支持过我们的人，和我们学到的文化。中央土，又代表着一生的支持系统，包括我们的老师、我们的朋友、我们的祖先、我们的父母，它是一个非常厚重的地方。为什么说它厚德载物，就是这个道理。土，在身体当中，为脾；脾，为生命之本，肾，为生命之根；失去了根本，就失去了人伦、文化、支持、生命。所以说，一个人，千万不要失去根本。我们一定要脚踏实地，扎在大地上，做个平常之人，做个自然之人。

这个五行图，不单说明了一个家庭，也说明了一个国家。国法为天、为父；道德为地、为母；文化为根本；人民如儿女。和谐，就是尊法、重德、学文化。大家都知道自己该在哪里待着了，就自然了。

3 解读身体能量

3.1 按图索骥

不同的人有不同的外表、不同的体型、不同的行为模式。在观察不同的人时,我们的内心感受也是不同的。大家再伸手触摸一下自己的身体,现在我们的身体有哪里不舒服?如果有,你触摸到的刹那间有什么感觉?是不是跟别的地方不太一样?

老子说过一句话:"吾所以有大患者,为吾有身,及吾无身,吾有何患?"大意是说,我有了身体,就有了生老病死,就有了宠辱,如果我没有了身体,我还有什么忧患呢?身体用它的方式呈现和传递着一些信息。触摸我们的身体,你会发现:身体是智慧的。书前有两幅人体背部图,所标示的部位是我在临床中总结的一些心得,下面我会对这些部位进行详细的说明。

3.1.1 肩颈部厚重、隆起或两侧坚硬

● **厚重、隆起**

这样的人易怒，喜欢用指责的方式应对问题。试想一下，对面站着一个让你特别生气的人，你挺直后背，抬起胳膊用力指向他，身体哪里会有感觉？是不是肩膀肌肉绷紧，一股怒气往上冲？往往火气越大，人越容易头晕眼胀，后背僵硬，肩颈疼痛。中医讲"怒则气上"。当我们生气发怒的时候，受身体能量冲击的是颈椎、头部。人长期愤怒，容易得高血压、甲状腺功能亢进、心血管病、脑血管病等。

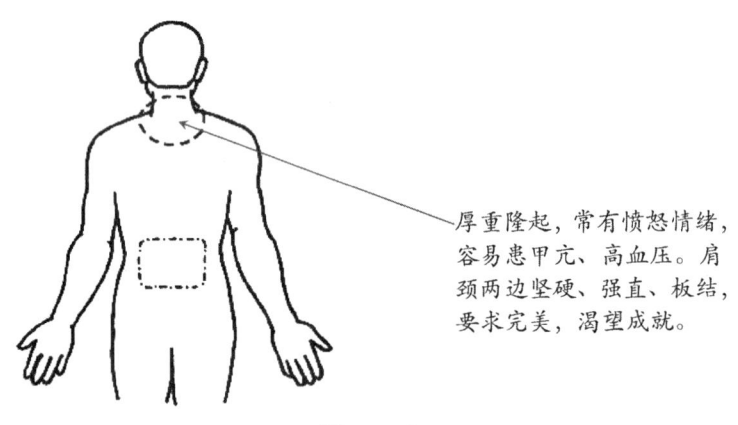

厚重隆起，常有愤怒情绪，容易患甲亢、高血压。肩颈两边坚硬、强直、板结，要求完美，渴望成就。

图 3—1

观察甲状腺功能亢进的人，你会发现：他们虽然很容易被激惹，遇到一点点事情都会生气，但始终有一些话不能充分表达出来。当我们感受到愤怒的情绪，却不能把想说的话痛快地讲出来

时，是不是会感觉有些东西堵在喉咙里，并且脖子胀痛？我曾在南京治疗过一个甲状腺功能亢进的病人。她是一位小学老师，当时她的脖子特别粗，肩背僵硬，眼睛都凸了出来。我把手放在她的脖子这里，问她："在你的一生当中，是不是有很多想讲的话却没有讲出来？你是不是有很多不满没有讲出来？你是不是经常有这样一种感觉，想大喊一声？"话音刚落，她就哭了出来。当她哭的时候，颈肩部位就软下来了。没多少天，颈部基本恢复正常形态。

有话不讲，甲状腺就容易增生肿大。如果你有甲状腺疾患，想想让你不满的事情，然后把情绪讲出来，那里有很多的辛酸和眼泪。虽然表面上我们看到的情绪是愤怒，但是愤怒的背后是伤心，是很难过的那种委屈。

如果将愤怒爆发出来，这种方式影响的不是甲状腺，而是头脑、颈椎、血压、心血管。这样的人易患高血压、心脑血管疾病。

曾经有一个老板，开公司二十年，时常大汗淋漓，心里发热得像火烧一样，胸闷、躁狂。来做身体调理的时候，他问我："为什么世界上有那么多笨人，天天惹我生气？"我问他认为谁笨。他说："我的员工都那么笨！教他们办点事情总也办不好。"我笑着问："这世界上就一个聪明人？"他白了我一眼，气哼哼地说："我也不知道，反正给我干活的人都笨。"有一天他来我工作室，推拿还没做完就从床上蹦了下来。我奇怪地问："你怎么了？"他指着我说:"你这个人不讲规则!这里是安静的地方。有人在我边上哭,我听到了。他哭你就应该制止,不能让他哭,影响我了。"从那开始他就不来了。

过一段时间他又来了,跟我说他身体特别不舒服,胆疼,肝疼。我问他最近发生了什么,他恶狠狠地跟我讲:"我的一个经理又走了!枉我对他那么好!去年他买房子,还借给他钱。这还没两年呢,说走就走,还带走我的资料!真是人心隔肚皮!"听得出来,他在愤怒的同时带有很大的委屈。我问他有没有朋友,他想了想,摇着头说:"人与人之间就没有纯粹的朋友关系。交朋友,只是把伤害自己的权力交给了别人。"

听到这样的话,你会有什么感觉?他似乎是在说:"我害怕,不要走近我,你会伤害我。" 每个愤怒的背后实际都有一个期待:"期待别人关注我、爱我,我才能感觉到自己是有价值的。你听我的话,把事情做好,这样才是真正地接纳我。如果你做错一点事情,就是在跟我对抗。"

一个人有愤怒的根本是什么?是害怕。如果你打他一拳,还可能反被他"打"得更重,就像你打在了石头上一样。如果我们用另一种方法,看到他愤怒背后的恐惧,然后绕到他背后,把手放在他的背上说我接受你,他就会觉得你是安全的。愤怒的人需要的是内心的支持和安全。

首先,这样的人需要内心有一场对话:"我允许别人笨吗?我允许自己笨吗?我能放过别人吗?在放过别人的同时,我能放过自己吗?"

其次,虽然他会指责、发火,但他的愤怒并没有被完全发泄出来,能量还是被堵塞了。所以可以找一个没人的地方大声地喊"吽——",经常喊。此外还可以做一些运动,比如说冲地上打打拳,做做悬哑铃,打打垫子,用肢体的语言把愤怒宣泄出来,缓解往上冲击的气血对身体造成的压力。把淤积在颈肩部位的能量充分释放出来,就能缓解情绪,进而缓解疾病的症状。另外平时自己在家没事敲敲胆经、肝经,也可以起到保健的作用。

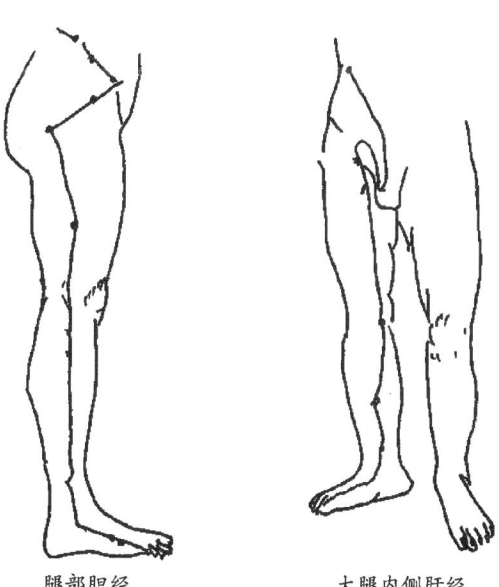

腿部胆经　　　　大腿内侧肝经

图 3—2

● **肩颈两侧坚硬、强直**

这样的人追求完美，凡事都要做到精益求精，他有一个信念，只要把事情都做到完美极致，他的人生就能达到完美，这样所有的人都能接纳他了。你摸他的肩颈两侧肯定是僵硬、强直的。

我有一个学员，她的脖子直挺挺的，正常的生理弯曲也变直了。她不但要求自己极尽完美，苛责自己，也苛责周围的人，活得非常辛苦。探究根源，原来在她两岁多的时候妈妈生了一个小弟弟，父母实在忙不过来就暂时把她送到亲戚家，一年之后才被接回来，这是她第一次被寄养。之后只要是大人觉得家里忙不过来，就会把她送走。在幼小的她看来，都是因为自己不好，父母才会不要她的。可是她又不知道怎样才算好，她所能理解的，就是我得做事，而且把事情做好，让周围所有的人都夸奖自己是一个乖巧的孩子、懂事的孩子。她深信，只有表现好才不会被父母抛弃。

无论孩子待在家里还是去幼儿园，无论他们生活在国内还是国外，所有孩子和父母的分离焦虑在十三个月大时都是最强烈的。尽管儿童有可塑性，但童年时代的精神创伤也会在大脑中留下印记，分离带来的压力可能会给他带来持久的伤害，因为分离破坏了依恋关系。这时会出现什么后果呢？婴儿对父母的依恋不仅仅是因为父母满足了他们的生理需求，更重要的是父母给婴儿提供了舒适、熟悉和及时的照顾。因此，一旦被剥夺了这样的照顾，孩子就有可能变得退缩、焦虑。每个孩子都有被无条件关注（指没有附加理由和原因的关注）的需求，所以一个温暖的环境和无条件的关注是非常重要的。

你去观察，但凡做事要求完美的人，小时候大多有过一些让他觉得被亲人遗弃的经历，并且他深信只有把事情做到极致，人们才会接受他，他才有自我价值感。

有愤怒的人要宣泄，而要求完美的人需要放松。这样的人首先内心需要一个对话："我允许自己犯错误吗？我可以放过自己吗？"要常常和自己做这样的对话练习。另外，做瑜伽也可以有很好的效果。

还有一个做鬼脸、乱语的练习会对此有所帮助。我们可以单独对着镜子做各式各样的怪脸，表现出自己不接受的部分，把自己不能对别人讲的话，用听不懂的语言表达出来。一般内心要求完美的人，会压抑自己调皮、叛逆的那些部分，所以在没人的地方把这些部分表现出来，内心的紧张就可以得到缓解。

★ 保健方法之八法

我教大家一个晨起时做的保健方法，简称"八法"，对疏肝理气很有好处。

早上起来，在穿衣服以前，我们先搓一下手心，然后搓脸，上上下下，从里到外，从外到里，像画圈一样。搓的时候，也让手一起放松，这样，搓八十次。第二步，干梳头，就是十指从前往后，一直到后面的风池，慢慢地干梳头，八十次。第三，搓耳朵，从上往下，八十次。第四，搓腰，两边一起上下搓，八十次。第五，搓腿的内侧，从大腿到小腿，也是从左到右，上下来回搓，各八十次。第六，搓腿的外侧，从大腿到小腿，两边一起上下搓，也是八十次。第七，搓脚底板，从左脚底开始，到右脚底，各八十次。第八，在搓完后，站起来，两手成刀状，敲击自己的腹股沟处，八十次。

3.1.2 左侧心俞区域有一根条索状突起或整个凸出来

● **左侧心俞区域有一根条索状突起**

这样的人往往在情感上有创伤，出现的疾病是心脏病、心律失常等。会胸闷、心慌，会无缘无故有想哭的感觉。身体这个部位产生淤结，也跟长期心理压力过大、过于疲劳有关系。

我记得1995年，工作室来了一位中年妇女，由她的丈夫和孩子搀扶着进了门。她49岁，1994年得了心脏病，高血压、心律不齐、期前收缩，到天津第一医院被确诊为冠心病、室性早搏。住院治疗半年时间，效果不明显，逐渐对治疗失去了信心。

来我这儿的时候，该患者脸色苍白灰暗，目光呆滞，说话声音细弱，由于每天进食很少，整个人瘦弱不堪，还伴有强烈的惊恐

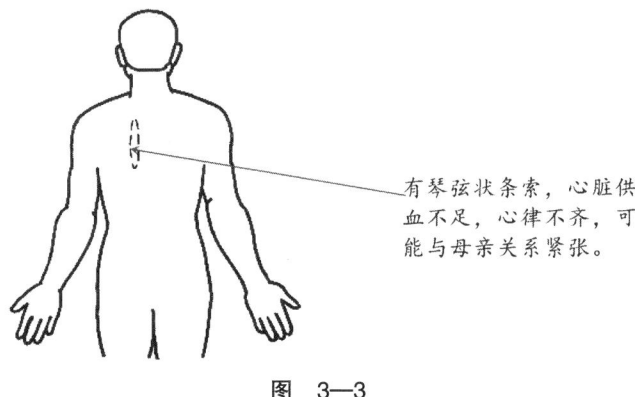

有琴弦状条索，心脏供血不足，心律不齐，可能与母亲关系紧张。

图 3—3

感。她跟我说得最多的一句话就是："大夫，我还活得了吗？"给她检查身体时，我发现她呼吸急而细，脉搏微弱，并且有明显的二联律，心跳两次停一次，身体后背心俞处有一条像小手指粗细的淤结，拨动如绷紧的琴弦，整个后背则像枯木板，干涩、坚硬、板结。血压180/100mmHg，有时还会达到220/120mmHg。

通过前期两个月的持续治疗，她的病情有了很大的好转。可正当我为治疗的效果感到高兴的时候，患者病情出现了很大的变化，她所有的症状都重新出现了，甚至比原来还要重，并出现了血压不稳的现象。病人情绪起伏很大，烦躁、害怕、紧张、愤怒、委屈，五味杂陈。这种情况大约持续了半个月。有一天，我把手放在她后背心俞淤结处，用手指轻轻拨动时，患者告诉我："肖大夫，我出不来气儿。"我告诉她："坚持，那是通心脏的地方，会有好处。"可是病人坚持了一会，忽然大哭了起来，并且一直哭了两个小时，哭完她就跟我说："肖大夫，我知道我怎么得的心脏病了。"原来三年前，儿媳妇有天很晚回来，怎么敲门都没人应，误以为是婆婆故意把自己锁在外面，所以翻墙进门之后第一件事情就是冲进她的房间，把她大骂了一顿。当时她非常伤心，非常委屈，因此放在了心上。此后不到一年，她就出现了高血压、心律不齐等症状。之后两天，每次治疗她都会大哭，到了第四天，她自己感觉不再胸闷、心慌，就去医院做检查，心电图显示窦性心律，心电图正常。她的心脏病奇迹般地彻底痊愈了。

当一个人产生伤心情绪的时候，会怎么想？"我很伤心，我做了那么多的事情，别人却不理解我。我那么爱你，你却抛弃了我。"身体哪里会有感觉？心里，会感觉胸闷。我们对谁才会感到伤心？亲人。往往最在乎的人才是真正能伤害我们的人。我们产生联结的人才能撕裂我们的心。然而真正伤我们的是谁呢？是逝去或离开的人吗？不妨从心底里问问自己，是什么让自己一直停留在伤心里？

遇到悲伤人们常常会说"我伤心死了"，捶胸顿足，号啕大哭。这其实是一种宣泄悲伤的方式。伤心的人要哭出来，不哭闷在心里就会影响身体。如果身体上已经形成结索，在治疗中需要让他跟那个伤心充分接触，转化成眼泪，哭出来。如果伤心不能被表达出来，只是在理智上、认知上去改变是不能真正改变的。那个伤心的情绪还会跳出来影响他的生活。充分宣泄那个伤心，重新去经历它,才能把伤心放下。做治疗时,把手放在那个伤心反应的部位鼓励对方哭出来。

如果自己在家调整,则要放声大哭,这样身体的能量才会得到疏通。没有声音的哭泣是压抑的。哭的同时扭转自己的身体,最好打着滚哭,让身体来回反转,对身体极有帮助。一般哭痛快了,背部硬的部位就能软下来,这是第一步。第二步,经常揉自己的心包经。胳膊内侧的心包经得空就用手去拨动它,养心。第三步,按摩在两乳之间的膻中穴。我们用大拇指按这个位置,只有婴儿不疼。婴儿哀而不伤,那是他用哭来跟你沟通。所以没事揉膻中穴对身体有好处,我们刚生下来的时候这里有胸腺,是最大的一个免疫器官,后来就萎缩了,不萎缩的话容易形成重症肌无力,形成很多毛病,所以它的萎缩是正常的,但是如果我们让这里保持通畅,就能增强免疫力。另外有空闲时间时,也可以用后背去撞撞墙。

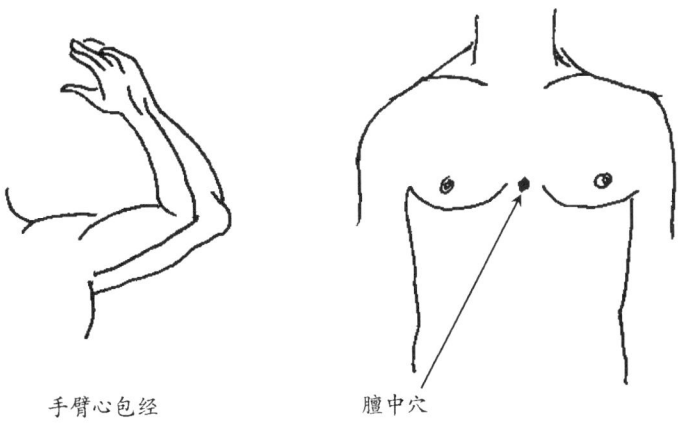

手臂心包经　　　　　膻中穴

图 3—4

● 左侧心俞区域整个凸出来

如果这个部位摸上去没有条形结索,是整个凸出来像巴掌大的一块,则情况有所不同。根据长期的临床观察和总结,我发现这个部位高起来的人,往往与母亲的关系不和谐,有冲突。究其原因,中医讲,我们人体分阴阳,左为阳,右为阴,这样对应的人际关系就是左为阴,右为阳。左边对应的是与母亲、女性的关系,右边对应的是与父亲、男性的关系。身体肌肉在紧张的状态下是绷紧的,跟母亲的关系不好或纠葛不清会在身体左侧这个部位造成神经、肌肉的紧张,导致身体能量的淤结。

在这里,我顺便说一说另一个临床中发现的现象——脊椎侧弯。脊椎侧弯和骨头没有关系,而是与周围的软组织和韧带的紧张度有关系。如果韧带有一侧是拉紧的,有一侧是舒张的,那我们的脊椎就会变弯。你去观察脊椎侧弯的孩子的家庭,他父母之间的性格差异肯定很大。孩子在内心对父母的感情是最忠诚的,父母感情不和、沟通不好,孩子会觉得恐惧、害怕,潜意识里会觉得自己是多余的,会产生"都是我的错,才会导致父母关系紧张"这样的意识和想法。如果父母当中有一方弱势,他就会想去保护弱势

图 3—5

的一方。比如他觉得妈妈弱小，爸爸强悍，他身体左侧对应母亲的部分就会放松，而对应父亲的右侧身体会处于对抗、紧张的状态。长此以往，身体一侧肌肉紧张，一侧肌肉放松，两侧韧带松紧程度不同，脊椎就产生了侧弯。反之也是一样。

调整由于父母关系紧张造成的脊椎侧弯，你只要把中指对着孩子的尾椎尖，往上托着慢慢揉，一会儿他的脊椎侧弯就会有所调整。

3.1.3 右侧肩胛上部有一条横着的隆起

这个部位隆起的同时，身体的髋部胆经处也是板结不通畅的，十二指肠肯定有溃疡。这个部位出现堵塞，有的是因为情绪，有的则是因为外伤，比如胳膊被抻过。外伤造成的身体淤结和情绪产生的淤结，手摸起来感觉不同。外伤淤结是在受伤的这个局部位置有堵塞，跟周围的联系并不是很大，而情绪淤结则是弥散型的。这个部位隆起的人容易焦躁。是由于长期对长辈有怨气，有一些话想讲却没法讲出来，把气愤又咽回去形成的。这个地方的愤怒程度比后面讲到的4区的愤怒程度大。因为对方太强大了，他们无法承担表达情绪的后果，只能把愤怒强压下来，身体能量长期在背部十二指肠的区域淤结着，因而形成了疾病。

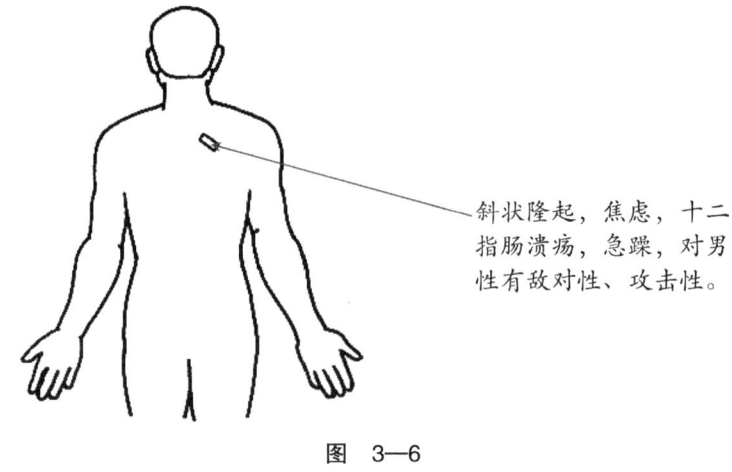

斜状隆起，焦虑，十二指肠溃疡，急躁，对男性有敌对性、攻击性。

图 3—6

在二十年前我见到过一位病人。五十余岁的男士，有二十年的十二指肠溃疡病史。治疗初期，他非常容易发火，跟谁都想吵架。除了背部这个部位高起一大块，他右侧臀部胆经的位置上还有一大块白癜风。他五六岁时母亲去世，跟父亲一起长大。父亲相信棍棒底下出孝子，不管儿子有理没理，出现问题，父亲总是先一棍子不分青红皂白地打过来，所以他有气也闷着不敢吭声。后来他自己娶妻生子，也用这种方式对待老婆、儿子。我给他治疗了四个月，疏通他的胃经和胆经，到最后他开始腹泻，泻出深黑色像煤一样的大便，持续大约一月有余。治疗结束时，不但他的十二指肠溃疡痊愈了，右侧臀部上的一块6cm×7cm白癜风也消失了。他的愤怒淤积在十二指肠，影响了胆气的升发。当我把他的胆经、胃经通开后，白癜风也消失了。

这个部位与未得到表达的愤怒有关系，充分的表达有利于情绪的宣泄，宣泄情绪本身就是一种治疗。所以这种类型的人需要的内心对话是："把话讲出来。"另外，评估讲出话来出现的最坏结果是什么，对于这个结果是否可以承担，如果不能承担，是否有别的方法。可以选择自己能承担的方式、方法表达这个愤怒。比如，一致性表达，即只说感受，这个感受是我自己的，与别人无关。我可以告诉对方："我只是这样的感受，但我依然能看到我感激你的地方。只是对你的这个行为有这样的感受。"邀请对方满足自己的期待，并表示感谢。现实生活中还有很多方法宣泄自己的情绪，比如呼吸。你深深地吸一口气，并快速把它吐出来，反复进行这样的呼吸也能带出心里的愤怒。压抑愤怒只是从前的一种方式，小的时候我用这种方式来应对这样的场景，现在你可以换一种方式吗？

3.1.4 右侧肩胛骨和胸椎之间出现条索

这样的人的行为模式是抱怨，但不敢讲出来，特别是对自己的长辈。当他长大参加工作后，他的行为模式是压抑的，在工作中出现愤怒后不敢讲，于是就把愤怒的情绪压抑下来，内心产生抱怨。抱怨和宣泄是有区别的。抱怨是由于内心存在很大的不满，虽然他一直在抱怨，但他每抱怨一次，这不满就会增加。他长期处在那种情绪里，如再遇到类似的情况还会用同样的方式去对待。而宣泄是和情绪在一起，是把情绪像倒垃圾一样倒出来。当一个人内心存有不满，这种情绪影响的是他的肠胃。

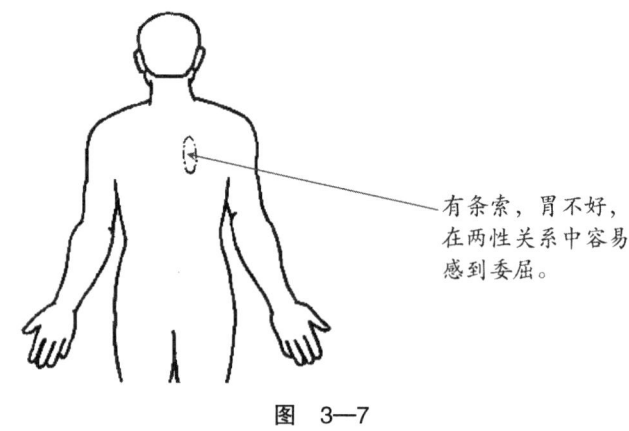

图 3—7

这样的人容易出现胃病，有对亲人或长辈不敢表达的愤怒和紧张。愤怒和紧张没有得到舒缓，被压抑住了。如果这个地方比左侧高出来一块，则表示有委屈的情绪，可能是和父亲的关系不太好。女性这个部位出现淤结就容易对领导、对男性产生不满，原因是将与父亲之间的情感联结缺失投射（通过将具有威胁性的冲动归咎到别人身上来伪装自己的这些冲动）到了男性身上。她实际需要父亲的爱，但又不接受父亲，于是寻找其他男性的爱作为补偿。当对方给不了她需要的爱时，她会感觉像是又经历了一次创伤。男性这里也会出现淤结，也是由于缺失父爱，但行为表现不同，他会对女性非常照顾，对爱有一种控制的欲望。

一般这样的部位代表的是委屈，不敢表达的委屈，特别是对领导和父母的委屈："因为我是弱者，因为我很小，我根本不敢表达。"于是，在这类人的内心当中经常会有一个声音："他对我不好，不照顾我，他不爱我。"看清楚这种情绪，把不满表达出来，告诉对方："你对我不好，我希望你怎么做来对我好。"同时内省自己，了解这个情绪里其实有一种期待：我需要爱。

从身体的角度来说，这样的人可以揉捏敲打足阳明胃经，如足三里、膀胱经、委中、跗阳。

我曾经看过一个幻灯片：一个缺角的圆不断找寻着那个缺失的一角，历经千辛万苦才发现，这个缺角只有从内心的资源里寻找力量，才能形成一个完整的圆。因此我们只有提高自我价值，才能找到真正适合自己的爱。

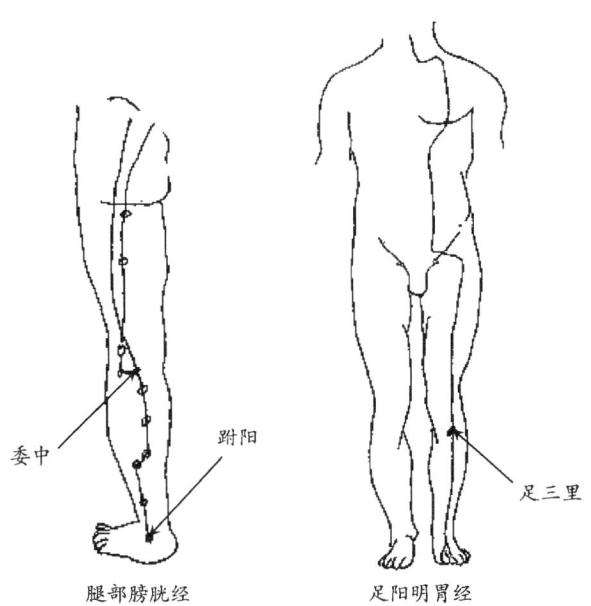

图 3—8

3.1.5 整个脊椎像弓一样

这种人焦虑,有不安全感,总是看到事物负性的一面,多思、多虑。

我以前有个邻居就是这样的人。老爷子是高级工程师,人精瘦,学识特别丰富。有天我无意中撞见他抱着一捆绳子进小区,就很好奇地问:"您拿着这么一大捆绳子干吗呀?"他眯着眼睛笑呵呵地说:"我看新闻,这两天连续有火灾,我想啊,我们家住四楼,万一有个火灾什么的,跑都跑不及,我得准备好。我都看好了,真出什么事,把绳子往阳台栏杆上一系,人往下滑就行。这不,我手套都买好了。"

这类人的思考是最缜密的,他们总能看到我们看不到的危险。如果我们找谋士,一定找他们。他们每天睁开眼睛第一件事情就是在思考:"我是不是安全?"他们进入一个场合中最先观察的是防火通道。"我先看看防火通道在哪里,一着火我就跑。"这样的人你去观察很容易发现,他喜欢坐到角落里,尽可能不让你发现,因为那个地方最安全。

他们的体型往往像一张弓,背后佝偻着,而且胃、脾、肾容易出现问题。胃经由第三脚趾和第四脚趾之间发起,沿足三里上至喉管两侧。我们腹腔有两根韧带与这条经络相伴行,身体处于紧张时韧带会拉紧,日积月累,人的脊椎就弓起来了。这有保护的意味:

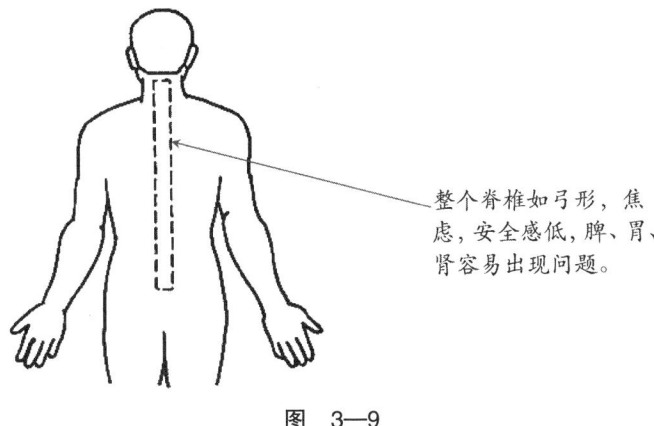

图 3—9

保护内脏，不让别人碰到；保护内在不让别人知道；保护自己不让别人看到。

这类人的身体还有一个特点，就是怎么也不胖，整天思考，能量全都消耗掉了。有一种心理问题叫焦虑症，期待性焦虑。因为不知道会发生什么而焦虑，他在想："明天会发生什么呀？明天我会怎么过呀？这个事情没发生预期的结果会是什么样的呀？这个结果是我满意的吗？"他们每天都处于这样的状态。

这样的人需要讲出自己想说的话，一致性地表达出内心的感受，讲出你真正的目标是什么，清楚自己要付什么样的责任，只有这样，才能疏散内在郁结的情绪。每天记得与内心对话，把"这个世界不安全"改成另外一句话："我能照顾好我自己，我是安全的。"

还是讲个案例吧。不久之前有一位浙江的商人来找我，他十年来都不能很好地入睡，在这期间瘦了四十斤，找了很多的医生做治疗都没有太大的作用。我问他在不能入睡前发生了什么事件，他告诉我："我最好的一个朋友得癌症死了。他死之后我非常伤心。过了几天，我就非常害怕。他死之前说的很多症状我好像都有，我也有和他类似的身体感觉。他死之前告诉我他经常出汗，我也经常出汗，他有时候失眠，我也失眠。"然后他给自己一个解释："我肯定是得癌症了。"从此之后，他每天晚上都盗汗，睡眠质量越来越差，体重一点点减轻。十年里，他到各个医院反复检查身体，想确认自己是否得了这个癌症，但查这儿查那儿，怎么也查不出他所认定的结果。

那天我给他治疗，发现他的整个身体神经就像琴弦一样，非常坚硬，绷到一起。我把手放到他身上，说："你放松。"我越说放松，他就越紧张。后来我索性说："你紧张，用所有的力量去紧张。"他把全身绷紧，问我够了吗，我说："不够，还要继续绷紧。"他开始讨饶："我实在紧不住了。"那我顺势说："你放松。"他一下就放松了，放松之后出了两手的凉汗，直往下滴，脚也是一样。我用轻柔的手法帮他把全身的经络通了一遍，问他现在有什么感觉。他说他想睡觉。我给他治疗之后，他在回去的火车上睡着了。睡了一路，第二天早上兴冲冲地给我打电话："肖大夫，我十年没睡觉了,今天睡了一个好觉。"我说:"其实你所有的能量都卡在恐惧和思虑里了。"他一直认为自己有病,越想越害怕,越害怕越想,惶惶不可终日。有很多的病人并不是真正有病,是他们自己想出来的。我教这个人一些功法,补充身体能量,现在这个人身体恢复得很好。

长期思虑的人引起脾气淤结,邪气过剩,久病及肾,造成肾气不足。空闲时练练蹲起,可以增强肾气。

★保健方法之身心全息自然功

这个功法的口诀:一、我心情舒畅;二、我神态从容;三、我飘飘入仙;四、我如入云中;五、我经络畅通,气血运行,意守丹田,静极身动。

这个功法有三个姿势可以练。第一是站着,两脚平分,与肩同宽,两手自然下垂,中指与裤线相贴,头微领,眼微睁,让你的眼睛看见你的鼻尖,好,这是一个姿势。男士让左手平放在肚脐上,中指指肚儿贴着肚脐,每次呼吸、吸气的时候,用中指摁一下肚子,共呼吸四十九次,女士则用右手,如此呼吸三十六次。在过程中,注意口要闭着,在练气功的时候,嘴都要闭着。当你按完的时候,请把手垂下来。

第二,在我们按完后,把手垂下来,然后意想:有一盆温水,从我们的头顶正中间的百会穴流下来，从我们的身体的四面八方流到我们脚底的涌泉穴，这样做三次。每次当水灌到涌泉穴的时候，你意念呼吸五次，注意过程中意守涌泉穴。

第三，在我们做完第二步后，让意念回到我们的印堂穴（双眉之间），男人意念呼吸三次，女人两次。印堂穴这里绝对不要守长了，守长了要走火入魔。然后让意念回到肚脐上，呼吸，男人七次，女人五次。之后，意想我们的肚脐与命门穴（与肚脐相对的背后的位置）之间的距离分成五段，然后肚脐向命门穴靠拢贴近——只是意念上的贴近，不是真的贴上——呼吸一次，贴近一段，等意念上肚脐和你的命门穴贴到一起以后，意守此处，男人七次，女人五次。然后再分五段，以同样的方法，让我们的肚脐恢复到原位。

当我们的肚脐复原到原来的位置后，我们就把所有的意念都集中在肚脐这里，什么都不要想了，入静。当你意念守在那里，守到你不想守了，想停下来了，就把意念分散，分散到全身。在分散前，想着你的气，在你的肚脐处逆时针转，男女都是三十六圈，这个圈的最大外缘不要超过你的胃。等意念完全散开，散到全身后，就可以揉揉腿，踢踢腿收功了。整个过程坚持四十分钟。

注意，在最后要把意念守在你的肚脐处。开始入静的时候，你的气血会在你的身体内部冲撞你的各个脏器。在气血冲击你的脏器的时候，不需要去观或者守念这些气血，你依然要把你的意念守在你的肚脐上，让气血去自然冲撞这些内脏器官，这样就能治疗很多内脏疾病。

如果你是很敏感的人，七天后，你就会动功，就会有动作出来，这是因为你的气开始冲击你身体内的各个器官。不要害怕，去找一个宽阔的地方练这个功。在整个练功过程中，你的思想是清晰的，但你的气会冲击你的各个器官，你的身体会动，会出现各种动作，比如有的人平时不会翻跟头，这时候会翻跟头，等等。

这个功法有三种姿势，方法是一样的，只是姿势不同。我前面讲的是站立的姿势，第二种姿势是坐着练。坐着的时候，是让自己坐在一个平板的椅子上，让屁股靠前，让自己的会阴穴腾空，不要压到它，然后两腿平分，两手自然下垂。其他练习过程也是一样的。第三种姿势，是躺着练。身体平躺，两腿平分，与肩同宽，两手贴着裤缝处，和站着一样。这个姿势的练法的好处在于，即使你练着练着睡着了，你在睡眠的过程中也始终处在练功状态。躺着，是练静功，不会启动动功，就是练内脏。

如果在这个功法的练习过程中，出现了五个动作，就说明你的气血通了；如果长期练，那么就会出现你意想不到的事情，比如说你会看到自己的血管，看到自己的神经，有内视作用。这就是达到功成的那种境界了，可以增强身体的能量。

我们可以在练此功法的同时练习太极的站桩，站一个月后，你全身的力量会增强很多。

3.1.6 胸椎6～10节之间隆起

这个区域隆起的人,容易压抑自己的情绪。就算是有愤怒、委屈和抱怨,他也轻易不会发出来。他们常常会想:"我有一些事情不高兴了,但不会讲出来,这样不好。"当一个人的情绪压抑到一定程度时就会爆发出来,爆发之后他还会自责:"对方挺可怜的,我干吗发脾气呢?算了。"

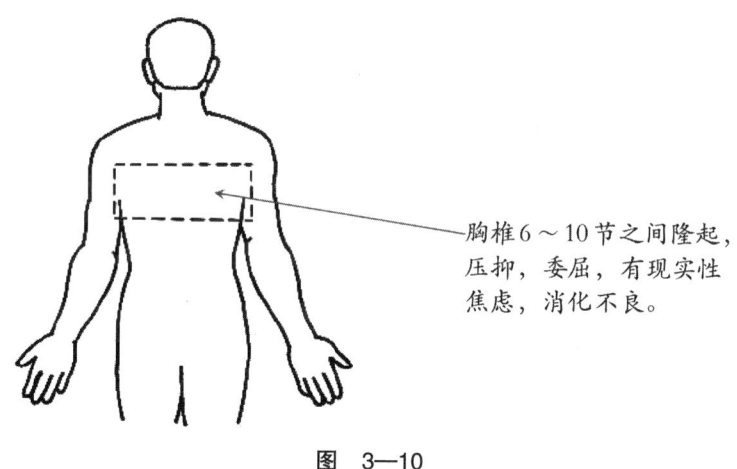

胸椎6～10节之间隆起,压抑,委屈,有现实性焦虑,消化不良。

图 3—10

打个比方,这个被压抑的情绪就像炸药一样。我们做鞭炮,火药做到什么程度才会爆炸?我们要锤锤锤,把它压缩起来,如果情绪也这么锤锤锤,再给它一个药捻点起来,这就是一个炸弹。这样的人破坏力极强,在极端情况下,他会说:"我忍了你这么久了,今天我终于发泄出来了，我忍无可忍了。我杀死你算了。要不我就杀死我自己。"

如果一个人长期处于压抑状态，就会影响肝的功能。他还容易腹泻，易得慢性肠炎。有些人在腹部有可触及块状或条索状聚结，去医院检查又查不出来有什么实质性占位，这是因为它未在脏器里面，而是附着在我们的脏器之上，用手能摸到、感觉到，手按到聚结处会感觉疼痛。《黄帝内经》里把这个聚结物称为"扶瘕，或伏梁"。在腹部长包块对应的情绪是对父母的抱怨。

这个区域隆起也代表着过多的压抑，我们要告诉自己："不能接受的，我可以表达出来。我不但要关注别人的感受，而且要关注自己的感受。" 压抑愤怒的人可以提醒自己："我不再恨你，我可以放过你，同时放过自己。"同时可以找个安静的地方呐喊，把心里的愤怒发泄出来。胸椎8、9节发出的神经根控制的脏器是胆囊。胆囊不好或有胆结石，这个地方摸起来会有刺痛，背部有放射性的疼痛。

十多年前，我遇到这样一个病例。她很年轻，给我的第一印象是人很温和。她说她有胆囊炎，说后背疼，牵扯的右半边胸痛，后背也有说不清的痛。我给她检查身体的时候，发现她的痛点就是胸椎的8、9节之间，并向右侧肋区放射。我问她，"这个病得了几年了？"她说："这个病最少六七年了，每次发作疼痛都很严重。""在什么情况下疼痛发作？""一是着凉的时候，二是生气的时候。""在医院检查过吗？""检查过，都说是慢性胆囊炎。"当时我并没有多想，可有一次，我见到她的丈夫，便和她丈夫讲："你千万不要让她生气，因为她一生气就会犯病，对她的治疗会有影响。"她丈夫委屈地说："我哪敢让她生气，她总是找我的毛病。我每天下班必须准时回家，如果单位开会晚回家，她就会生气。"我问那是为什么。于是她丈夫给我讲了一个故事："七八年前，我的岳母去世了。去世的原因是我的岳父十多年前在外面找了一个比他本人小三十多岁的女人。我的岳母是被岳父气死的。当时我们刚刚结婚。于是，我老婆没多久就得了这种病。在她的心里，男人都是不可靠的。她心里很恨她的爸爸，心疼她的妈妈。但这些话又不敢去跟爸爸讲。我说她爸爸的不好，她也不爱听。从那时开始她就对我管得很严。那时候开始，她就总是爱生气，经常大怒，于是她的病越来越严重。"这个病人我用了很长时间才给她治好。据我当时的分析，妈妈被爸爸气死，她非常爱妈妈，于是对爸爸产生了很大的愤怒，她恨爸爸。但她还有一个情绪，她也爱爸爸。于是就把这个情绪压抑到心里不讲出来。又由于这个事件令她产生了一个观点，那就是男人都是不可靠的，于是就到处找老公的事儿，把这个情绪投射到老公身上，长时间的不开心，导致肝气郁结，于是形成了这种疾病。

像这样的人要经常在心里对自己说:"我不再恨你,我可以放过你,同时放过自己。"也可以找个安静的地方呐喊,把心里的愤怒喊出来。

从身体的调节来说,可以经常敲击肝经舒肝,敲腹股沟,敲击胆经。

3.1.7 胸椎11节到腰椎1节之间隆起

如果是肝俞以下厚起来,表示此人容易担惊受怕,总是为将要发生的事情担心。如果摸起来坚硬,但不厚重,则表示有分离焦虑,很难面对离别的场面。有焦虑和担心的时候,这个地方特别容易觉得累和疼。这样的人容易消化不良、肠胃功能紊乱、代谢紊乱,脂肪囤积,身体发胖。

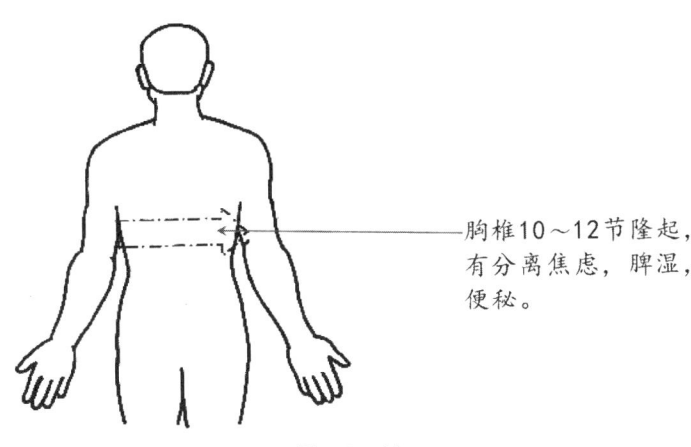

胸椎10~12节隆起,有分离焦虑,脾湿,便秘。

图 3—11

我曾收治过一位律师。来工作室的时候她很胖，后背胸椎11节到腰椎1节区域就是板结、隆起、坚硬的，还特别容易拉肚子。在治疗过程中，我发现她总是害怕妈妈会死，只要一想到她的妈妈终有一天会离开，她就会流眼泪。虽然当时她三十多岁，孩子也已经十岁了，但除了工作不得已之外，她都会尽量让妈妈跟在身边。当我揉动她的后背问她为什么怕妈妈离开时，她回忆起一段发生在三四岁时的经历，我便一下子就明白了原因。原来有一个晚上，妈妈突然离开家，连着好几天都没回来，不管她怎么哭，怎么喊，妈妈就是没出现。这个记忆深深地留在了身体里，于是后来只要妈妈不在她身边，她就会觉得焦躁不安，生怕妈妈再也不回来了。我陪她去看心中那个三四岁哭着要找妈妈的孩子，并告诉她身上流着妈妈的血，她是妈妈生命的延续，妈妈无论走到哪里，都会在她的身体里。然后我打开她后背的聚结，她哭了很久，而且出了一腿的凉汗，她的体型一下子瘦了很多。经过几天的调整，她身体的状况改变了很多，也不再拉肚子了。

分离焦虑是孩子离开母亲时出现的一种消极情绪体验。最亲近的人从视线中消失了，孩子会一下子不安起来。"妈妈在哪里？我要找妈妈！"孩子会用喊叫、哭闹来表达自己的焦虑，期待妈妈的出现。大部分孩子从七八个月起，就会明显表现出这种分离焦虑，有些孩子甚至更早。往往这个部位呈现的焦虑是：在6～12岁时期,经历亲人的丧失或是离开熟悉的家庭环境到另外一个地方去生活。这个焦虑是由我们可以回想起来的事件引起的。

分离焦虑的出现,与孩子的不安全感有关。最初,这种焦虑的出现是具有特殊适应意义的,因为它促使孩子去寻找他所亲近的人,或者发出信号呼唤妈妈的出现,这是孩子寻求安全的一种有效方法。有分离焦虑的人可以告诉自己:"我现在可以自己照顾自己了。"

3.1.8 腰椎1～5节之间坚硬

腰为肾之府。肾俞和大肠俞两穴较近,所以腰椎区域的板结、不通畅会影响大便、睡眠,还会引发肾炎。肾,是生命的根本,代表人的生命力。肾虚会使我们觉得没有能力承担,容易产生恐惧。这个恐惧是意识层面能够感觉到的恐惧,是从人生经历中来的,这样的恐惧会带来无力感、无奈感和消极感。

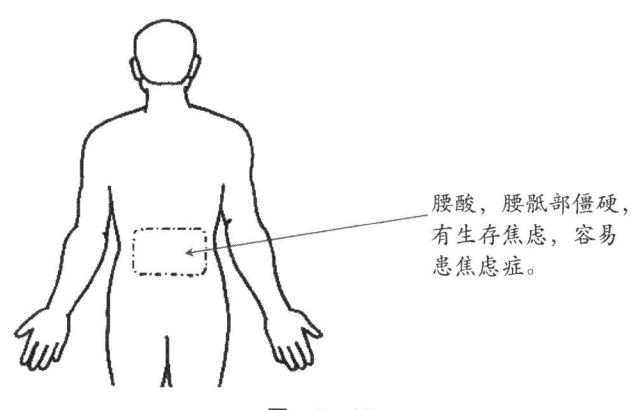

腰酸,腰骶部僵硬,有生存焦虑,容易患焦虑症。

图 3—12

我有个朋友患有脂膜炎，就是身体所有覆盖脂肪的部位、有膜的部位，都出现了炎症。它属于结缔组织疾病，医院也提供不出较好的治疗方法。他找到我，当时他什么也没说，我一摸他的身体，就说："你不能走，你有系统性疾病。"然后，我把手放在他的腰上，问了他一句话："在你五六岁的时候，发生过什么？"他就出现了一个身体的反应，全身出了一身冷汗，把我的治疗床垫都湿透了。原来，在他六岁的时候，他去他家河对岸的一户人家，那个家庭一家四口都被人杀死了。他小时候不懂事，跑进了那间屋子，看到了所有的尸体。由此产生了一个巨大的恐惧，在身体里产生了一个聚结。在他三十多岁的时候，患上了脂膜炎，去医院做检查治疗，医院只能给他用激素缓解，症状得到了一定程度的控制。

他当时很胖。在我这里治了六天，我给他疏解情绪。六天时间里，他自述："每天晚上在宾馆要换三条被子，每条被子都被汗水浸透，能拧出水。"六天后，他瘦了二十多斤。大家说这瘦下来的二十多斤是什么？是水！在他五六岁时经历的创伤性事件给他带来的恐惧虽然没有出现在他的意识中，但是却给他的身体造成了很大的影响。所以当我处理这个问题的时候，他这个病得到了治疗。

学习和产生恐惧的事件接触，重新接触那个恐惧，这是前意识（指潜意识中可召回的部分，人们能够回忆起来的经验），加以提醒就会清楚地接触到的意识。五六岁的创伤会在前意识中储存，当我们能够和这个情绪重新接触，再加以疏导，就可以使卡住的能量重新流动，恢复健康。

按揉脚心，搓自己的后腰，做瑜伽，练蹲起，拉韧带，都会缓解这个部位坚硬的程度。

★保健方法之增强免疫力

另外还有一个可以增强免疫力的方法。

一、用手掌立刀形，敲击腹股沟。每天敲打，增强肾气。持续四十分钟，脚会变凉。这表示体内的寒气正从脚底向外发散，不要用热水泡脚。

二、两手相搓，用左手抓右手指尖，再搓，用右手抓左手指尖，交替进行，增加心力。握力锻炼肝，肝主目，其动为握。每天一百次，就可预防感冒。

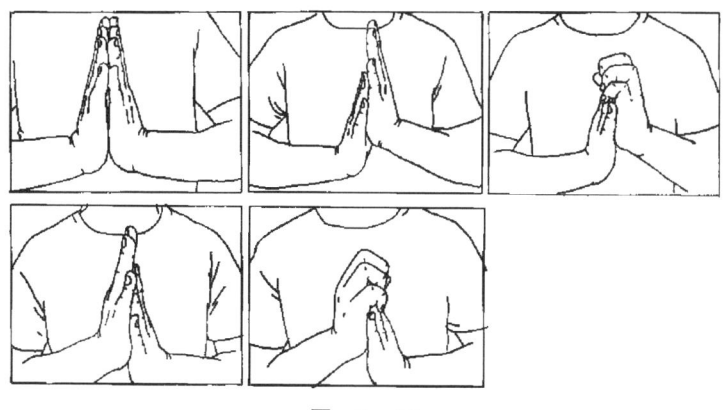

图 3—13

三、男左手在下，右手在上，相叠，揉动指骨处。女左手在上，右手在下，掌边蹭到指骨，睡前揉动。指骨这个部位在中医里称为宗筋，是三阴三阳经筋汇集的地方，是增加我们的肝气、脾胃之气、肾气的汇总点，就像我们的生命的根本。每天这样做，可以使肾水濡养巨阳，濡养内脏，治疗疾病，又起到增加生命力的作用。

3.1.9 骶骨

骶骨处隆起，触摸起来像一块肉垫高出来，即中间高出周围，中间组织堆积，不硬，一般是由于某个事件引起的分离焦虑。骶骨处塌陷、干瘪、高耸无肉，这种人会出现莫名其妙的恐惧、烦躁、心乱，有对死亡的恐惧。这种人一般是在生命的早期，即0~3岁的时候，因一些创伤性事件而产生了无意识恐惧。恐惧情绪是我们的原始情绪，而原始情绪是演变成各种情绪的根本。骶骨及臀部干瘪无肉，是生命能量低的表现。这样的人缺乏来自整个家族的支持、滋养，这样的人有很强的死亡动力，缺乏归属感和基本信任感，容易抑郁和烦躁。

这里不通畅会影响人的内分泌系统。得抑郁症的人，这个部位是板结的。他会产生恐惧，以及无缘无故的焦虑感，总是觉得自己不安全，但是不知道问题在哪儿。这样的人情绪非常复杂，有时候焦虑，有时候愤怒，有时候委屈。

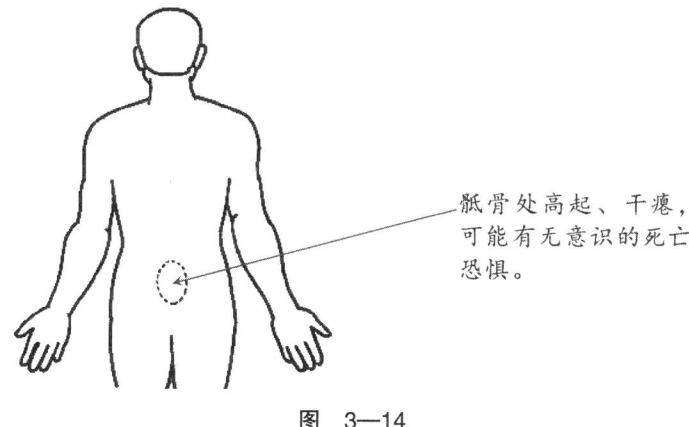

图 3—14

这个地方堵塞还容易产生系统性的疾病。处于更年期的人这个部位摸上去是空的，产后抑郁的人这个部位是板结的。如果这里保持通畅，人就会皮肤好，年轻，另外情绪好，心情稳定，不急躁，还能让生理周期维持得足够长。如果女性生理周期规律，维持时间长，身体就会健康，寿命就会延长。

前不久我接了一个病例，她老公和我讲："我实在没办法对付她了，就把她带来了。"我说："怎么啦？"她老公向我大吐苦水："我老婆每天都会和我发脾气，我回家稍晚一点，她就对我暴跳如雷。我又没招惹她。"我就反过来问他老婆："你老公好吗？"她说："我老公非常好。"在这个关系良好的家庭，她为什么会有情绪呢？于是我让她趴在床上，给她检查身体，当摸到她尾椎骨部位时，我问了她一句话："小的时候，谁把你扔了？"她一下子抬起头,惊诧地问我:"你怎么知道的?在我小的时候,一岁多一点,我妈抱着我,坐在爸爸的自行车后面,遇到车祸,我一下子就飞了出去,掉在路边的沟里,差点死掉。当时我不知道,是我妈后来告诉我的。"我问还有啥事情,她说:"我爸爸脾气特别不好,有一次我哭,我爸就倒提着我,说我再哭就把我扔下去。"我接着问:"现在你常做噩梦,是不?"她说:"是的。我总觉得没有安全感,只要老公晚上不回家,我就害怕。"

我在检查她这个部位的时候,我摸到了问题。大家摸一下自己的骶骨部位,是什么样的?每个人都不一样,我只讲一个规律。其实,当时我也不知道她爸爸把她扔出去了,但我发现她的骶椎骨部位完全没有肉,只有骨头,是干瘪的。如果这个地方一点弹性都没有,你摸到的是干枯的骨头,那么这个人在0~3岁的时候,肯定出过一件很大的事情,遇到过很大的危险或是感受过很强烈的恐惧。如果这个部位的中间高出两边很多,有很多组

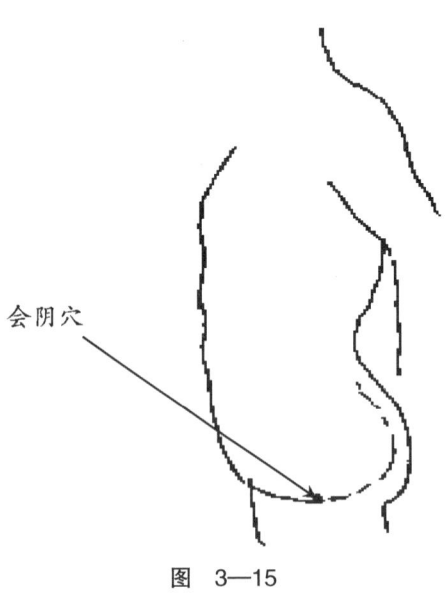

图 3—15

织，不硬，那是因为小时候有分离，这样的人会无缘无故地产生委屈感。

骶骨区域板结的人，要经常在内心当中和父母对话，与父母联结，与父母的爱联结。告诉自己："无论我走到哪里，父母都是爱我的。"因为这里是缺失性需求。如果这里是由一个缺失性事件引起的，就需要父母的抚摸，需要与父母进行联结。

在家里，男性可以揉会阴穴，女性则揉肚脐、指骨，可以缓解此处板结的症状。

另外，除了恐惧情绪，骶骨区域还可以反映出与性相关的能量问题。

生命力特别强的人，就容易压抑性方面的需求。这部分的需求，是很正常的，这个需求，就像我们饿了想吃饭一样。而如果这部分被压抑下去，就会产生无缘无故的愤怒。

如果我们遇到这样的人，那么应该怎样处理呢？我是这样处理的：首先合理化，告诉他，这个需求是正常的，这个压抑每个人都有。我们人类也是动物，而且曾经是群居动物。一夫一妻制是后来法律规定的，这不是人性本身的需求，但是我们要遵守这个规定。

其次，在身体上要调节这一部分，让他的性能量往上走，达到一种通畅。上臀部很丰满的人，生命力很强，如果他家庭的另一半，即配偶的这个部分是萎缩的，那他们在这方面肯定出现了问题。

事物总有两面性。老子说过一句话："天下皆知美之为美，斯恶矣；皆知善之为善，斯不善已。"有美的存在就有丑的存在。一个人也是一样，有好的方面也有不好的方面。我们只接受"好"，不接受"坏"，这个"坏"存在吗？是存在的，它隐藏在我们的身体里，存在于我们的生命当中。拿性欲来说，我们有时认为性是丑的，是不被接受的。如果我们让这些不被理性层面接受的部分，以其他的方式，比如幽默、艺术、运动等方式表现出来，那它就不会影响我们的思想了。

我给大家讲一个笑话。我们那里有一个村子叫贾庄村，村里有个老太太，年轻时很漂亮，她老公是山东人，又干又瘦，是一位有名的中医。在她七十多岁的时候，有一个兵营在她们家旁边驻扎下来，兵营里有个大兵长得特别帅，她老去看那个当兵的。有一天她跟我说："我昨天做了一个美梦，我梦到那个大兵找我们家来了，我还穿着一条连衣裙。梦里我还年轻，我们俩就结婚了。我刚上床要干点事，我老公就把我撞醒了，我翻起来骂他，'我做个梦你都不让我做，这一辈子了，我就跟过你一个'。"边说还冲老头子指指点点的，把我乐坏了。这个老太太接着说："第二天我还想做这个梦，没有啦。"其实我们每个人的内在都有不同的需求，都有不愿为人所知的一面。这一面你可以让它活跃出来，宣泄出来，这样才能保持内在平衡。

从身体的调节方面来说，我们可以练呼吸，深深吸入，快速呼出，抻动肩背，双手练冲拳动作。

★保健方法之五禅心定

佛教有一个功法叫"五禅心定"，就是定这个部分。我教给了很多人，解决了他们的婚姻问题。这个功法要两个人同时练，弱的那位可以提高自己的性能量，而强的那位可以让自己的性能量达到平衡。

第一观，每天打坐的时候，想象你的心像一个太阳，一个跳动的太阳，然后想象它从你心的部分往下沉，沉到海底。海底象征着我们性的那个部分，沉到那里以后，你要守住它，就是你心和肾相交的地方。男性守会阴穴，女性守丹田（肚脐）。长期去守，你会发现，你的心会豁然平静，能量不再窜动。这个功法也能保护我们自己，让我们处在一个平静的状态。这就叫观心无常。

第二观，观身不净，平静我们的妄念。你可以观察一下我们的身体，无论我们的身体长得漂亮，还是长得难看，只要其中的物质流出体外，就都是臭的。血液多宝贵啊，唾液多宝贵啊，但流出来后，都是臭的。释迦牟尼说，我们的身体由三十亿觳组成的，觳是什么呢？就是虫子。觳分为生觳和熟觳。生觳七天一个变化，是指身体当中能代谢的细胞，七天一次代谢。熟彀，和我们的生命一样长，不会更新，不会改变，就像身体当中的一些神经元细胞，在我们的一生当中都是不会更新的。当我们能够做到观身不净的时候，就能平静我们的妄念。

第三观，观法无我，就是静心观，空心观。达到一种空虚状态，一种空净状态，让自己能够致虚极，守静笃，守住自己的元神。佛教讲："戒，定，慧。"戒，就是戒掉我们的一些杂念；定，就是达到了安静；慧，是产生了智慧，只有内心安定的时候，才能产生智慧。

第四观，观慈悲。我们观察每一个生命，观察它的美好，观察它的伟大；我们让自己谦卑，臣服于自然，臣服于每一个生命。达到臣服的时候，你就能安定下来。现在试着闭上眼睛，想象你的父母站在你的面前，你向他们行礼，做到那种臣服，达到那种慈悲。然后睁开眼睛。现在你是什么感觉，你的心有什么感觉？忽然间平静下来了，是不是？我们中国有一句古话："在家敬父母，何必远烧香。"父母就是我们的佛。我们每天观慈悲的时候，就向父母行个礼，向所有的生命臣服。这样能让我们沉淀下来，这是修行的法门。

第五观，也叫白骨观。当我们去掉身体所有的器官后，只剩下白骨，你观察身体的每一个部分。你会发现，每一个生命，都是平等的，它能让你产生一颗平常心。

3.1.10 整个后背厚重，臀部干瘪

这种人很会承担，你仔细跟他聊，会发现他承担的很多责任都不是他自己的。一个人在背负他不应该背负的东西的时候，会压抑他内心另外的一部分，那一部分就是他脆弱的一面，如此他让别人感觉他很强大，身体壮得像大力水手一样，后背隆起一大块，像坦克车一样。其实，那里面都是情绪。

相对于厚实的背部，他的臀部是干瘪的，所有的身体能量全部用来强大躯干，而身体下部反倒没营养了。当强大到一定程度的时候，他就会像吹起的肥皂泡，很容易崩溃。"我撑不住了。"这是他们承担不起时常说的一句话。

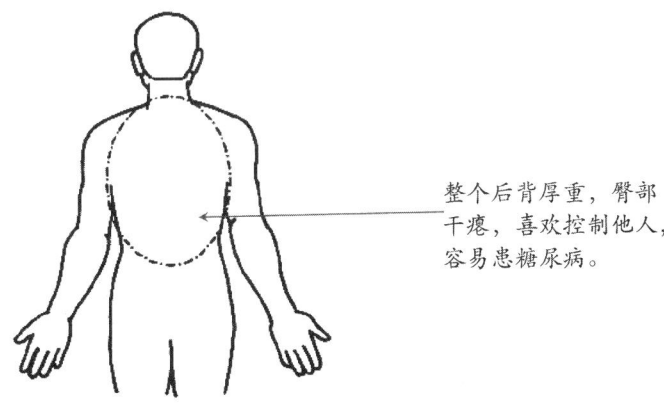

整个后背厚重，臀部干瘪，喜欢控制他人，容易患糖尿病。

图 3—16

我发现，绝大部分糖尿病患者的臀部都是萎缩的。西医虽然对糖尿病有专业的解释，但糖尿病与自身免疫有关，是一种综合的症状，是胰岛素相对或绝对不足，或靶组织细胞对胰岛素敏感性降低，导致血糖过高，出现糖尿，进而引起脂肪和蛋白质代谢紊乱。虽然糖尿病患者有胖有瘦，但他们的臀部都是瘦的，尤其是上半部，而尾骨两侧是萎缩的。糖尿病的并发症很多，比如皮肤紫绀或缺血性溃疡，就是我们俗称的"烂脚指头"；眼部病变中有糖尿病视网膜病变、白内障；感染症状，疖痈，如脖子长疮。请注意，臀部上半部塌陷的人，其后颈部也通常是塌陷的，这是我在多年的临床中总结的经验。

如果某个人后背、腰部以上都是厚的，那么这个人通常背负了家族的压力。他背负着一些不应该背负的压力，内心的压力也很大，他需要处理所有的事情，是责任感特别强的人。这样的人的委屈是潜意识的，他是不知道的。他觉得很正常，因为这样生活的时间太久了，他形成了一个固定的生活模式。这样的人是不自知的，当你点破他的时候，他才有可能从这个情绪当中走出来，释放他巨大的委屈。男人和女人中都有这样类型的人。一个男人如果背负过多，背负不属于他的，而是他祖上、爷爷奶奶或是父亲的东西，背负不属于他的责任，那么他的后背就容易厚起来。当一个人有一个很强的外壳时，他是很难跟自己的内在联结的。这样的人可以问问自己："这个事情我真的能接受吗？是我应该承担的吗？是属于我自己的吗？不属于我自己的，我能还给别人吗？"

这样的人常常有这样的想法，别人需要我帮忙吗？我需要别人要我帮忙吗？如果是别人需要我帮忙，我也要谢谢你，因为我需要你让我帮助你，因为我有这个需求，这只是我的一个需求，我需要它才能活下去，这与你无关，谢谢你。我从小就是这样活下来的，而现在我看清楚了，我可以用另外的方式活下去。我也可以向别人说，我也需要帮助，我是个更需要帮助的人，从现在开始我对我后背所背负的一切说声"谢谢"，那也是我的财富，也是我的能量。如果我能让能量重新流动起来，它会支持我的生命，让我的生命更有价值。如果有一些眼泪流下来，那也是能量，那是改变的能量，我可以让它充分流出来，那是为了我自己。

从身体的调整方面来说，用后脚跟踢自己的臀部是个很好的练习。让臀部丰满起来，能量恢复流动。

3.1.11 腰腹部赘肉，肩胛区厚重，腿细

这种体型叫向心性肥胖，也就是俗话说的"大肚子，小细腿，后背很厚，屁股很小"。这样的人容易患糖尿病，根源是内分泌失调。内分泌系统是由内分泌腺和内分泌组织组成的，其主要功能是在神经支配和物质代谢反馈调节的基础上释放激素。内分泌腺包括

腺垂体和神经垂体、甲状腺、甲状旁腺、肾上腺皮质和髓质、性腺（睾丸和卵巢）、松果腺和胸腺。这个系统出现问题跟什么情绪有关呢？好强、委屈，一个人做了很多事情，付出很多，却没得到认可。很多妈妈是这种体型：照顾老公，照顾孩子，照顾老人，忙这忙那，唯独忘了照顾自己，心里也觉得委屈啊，所以边做边唠叨。周围的人虽然心疼她，但又不能接受唠叨。

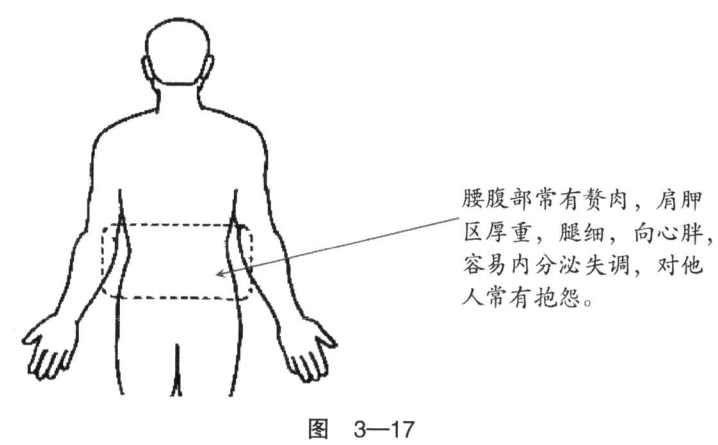

腰腹部常有赘肉，肩胛区厚重，腿细，向心胖，容易内分泌失调，对他人常有抱怨。

图 3—17

其实这类体型的人从小缺乏关注。他们做事情喜欢面面俱到，想要照顾到每个人，有一个人照顾不到，他们心里都会感觉很难过。这样的人最容易失去的是界限。一个关系当中，联结和界限同样重要。如果一个关系当中没有了界限，那么就会产生模糊不清的关系与纠葛。

我们在帮助每一个人的时候都需要询问对方："你需要我帮助

吗？我帮助你可以吗？"这就叫界限。如果我做了一件帮助你的事情，但是你感觉到不舒服，那么就是我破坏了一个界限。每一个人都是一个独立的个体，爱一个人只给了你一项权利，就是为他做一些事情的权利，但是还要先问对方："你愿意吗？"

曾有个朋友谈起她的妈妈："我父母关系不是很好，所以我跟妈妈一起生活。妈妈一直带我，把所有的爱都给了我。我总是听别人说妈妈怎么不爱她自己，却非常非常爱我，特别特别爱，她把所有的爱都给了我。但是我感觉这种爱在我长大以后，就变得有点沉重了。尤其是在她老了以后，她需要索取。我们家的状态就是她和我老公在争夺我。她看到我们两个好，就会很不开心。我会觉得妈妈有个心声，仿佛在说'我爱你，我把所有的爱都给了你，你也要给我，我是最重要的，我在你生命当中是最重要的；我也把我所有的爱给了你老公，我也是你老公最重要的，但是你们两个好的时候，我就不被重视了，我就不重要了，于是我就会感到委屈'。妈妈觉得她很委屈，其实我也是很委屈的。"

这样的人需要让她找到自己，并对自己讲："过去别人很重要，我不重要，从现在开始我也很重要，我开始重视自己，并爱自己，当然还可以爱别人。但首先我要对自己好，我不用别人对我好，我也能活下去。"另外再记住一句话："我对你好，不是为了让你对我好。我帮助你是因为我想帮助你，我有能力帮助你，我帮助你不是因为我想让你需要我帮助你。"

人不会无缘无故地长肚子。长肚子，就是脾虚，脾主运化，它会把水谷精微运化到身体的各个部位。脾虚的时候，它的输送功能就减退或退化了，就变成了贪官，就像一个管仓库的领导，开始贪污。贪污后怎么办？它就将水谷精微储存在它的领域——肚子之内。于是，肚子就开始变大，人的代谢功能就减退了。真正的减肥是强化人的代谢功能，强脾就能减肥。

如何增强脾的功能？脾经经过两侧腹股沟，疏通它，脾在一定程度上就能把多余的物质代谢出来，肚子就小了。还有一个对这类人很好的运动：脸面向墙，脚尖碰着墙根站直，慢慢下蹲，把后背的脊柱充分地拉开。刚开始练习的时候，根据自己的身体情况，脚尖可以离墙根远一些。在这部分内容里所提到的锻炼身体的方法，其实并不是僵化地针对哪一个部位或哪一种类型的人。言语道断，这么分类只是为了便于读者从身体和心理入手调养身心。正如情绪是复杂的，人不可能只有一种情绪，身体上呈现的信息也是如此。读者可根据自己的喜好和身体状况来选择，看哪种方法更适合自己。

最后，让我们以一个冥想结束这一部分。

请给自己一个呼吸，我们可以想象在我们心的正中间，有一个灯火，这个灯火很明亮，我们的身体只是这个灯火的光环，我们可以让这个灯火越来越明亮，让这个光环越来越通透，通透到让风可以穿过它。灯火越来越大，光环也越来越大，大到像宇宙一样。在这个光环当中，有宇宙母亲，也有大地母亲，更有我们自己的母亲。我们忽然发现，我们的身体像水，每一个细胞都变成了宇宙的一颗颗星星，变得很远很远。在这个宇宙当中，有森林、大海、星星、月亮，我们每一个细胞都和宇宙融到了一起，每一个细胞都吸收着宇宙的能量。这就是我们的宇宙。每一个细胞都代表着我们的生命，它们互相联系着。我们感觉呼吸消失了，因为我们每一个部分都在呼吸，都在和宇宙联结，我们的生命原本就是这么伟大。我们会看到每一粒灰尘，在那里也有我们的生命，它是那么渺小，它可以随风飘浮。我们发现生命原本就是无所不在。我们唯一存在的是我们的灵魂，我们带着这个灵魂可以飞得很远很远，很高很高。在那里我们可以观察到宇宙的一切，可以看到大地，也能看到自己，真正地把自己看清楚。原来生命包含着一切。我们可以让自己的灵魂像小鸟一样，到处去飞，去享受宇宙的一切，就在那里，让它飞扬自己的活力，让它去洞察，它具备宇宙的力量和宇宙的智慧，我们享受着这一切。原本我们觉得很重要的一切都化解开来，就像浮云一样，它可以飘散，我们不再固着于它。它又重新恢复了流动，就像风一样，就像雨一样，所有的一切都在转换，我们身体的能量也在互相转换。它们又恢复了流动，我们只需要向它们说声："谢谢，我很尊重你们。"我们深深地吸一口气，吐出来。我们睁开眼，看看周围的人说声："我爱你。"

再来看看，我们是否觉得很明亮？一切沉重的东西，其实都像浮云一样，都会散开。

有没有发现，当我们有情绪的时候，即便是很小的事情，如果我们把它放在心里，就像我们把笔放在我们的眼睛上，它就会扩大，就会笼罩我们的生活，控制我们的生命。当我们把它变成浮云，让它散开的时候，一切又恢复了流动、美好、宁静。

3.2 岁月的痕迹

在前面的章节中，我已经向大家解读了身体的语言，即身体背部不同的反射区域的聚结、隆起、僵硬等情况所对应的身体状况及病症，那这些身体语言，是在什么时候、在什么情况下产生的呢？

这一切，都源于我们人生中的经历，它是我们人生的宝贵财富和资源，这些财富和资源在帮助我们成长，帮助我们完善自我。同时，这些人生经历也记录在我们的身体当中，让我们在合适的时候去仔细地阅读、学习和领悟。

在这一章节中，就我多年的总结，向大家陈述一下这些人生经历在何时、以何种方式，记录在我们的身体当中，并对我们的身体产生了怎样的影响。

婴儿的身体，是非常柔软且富有弹性的。《道德经》中记载："载营魄抱一，能无离乎？专气致柔，能如婴儿乎？除玄鉴，能无疵乎？"大意是说，你能守住你的内在专心致志而不分散吗？你能让你的身体柔软得像婴儿一样吗？你能让你的内心像明镜一样不染一尘吗？婴儿不用智而合自然之智。

随着我们渐渐长大，我们的身体也开始发生了变化，它就像一个账本，记载着我们一生的经历。这里，我们翻开后背这一页，因为后背可以帮助探索我们的一生曾发生过什么。

脊椎由二十四块分离椎骨、一块骶骨和一块尾骨，借椎间盘韧带和关节紧密连接而成。骶椎在医学上也分五节，只是这五节连在一起了，统称骶椎。脊椎还控制着我们的五脏六腑。五脏六腑的神经又都是通过脊椎发出的神经去控制的。脊椎上还贮存着我们各年龄阶段发展经历的信息。

骶椎和尾椎，记录着我们的0～3岁；

腰椎2～5节，记录着3～5岁；

胸椎11～12节，腰椎1节，记录着5～7岁；

胸椎10节及以上至颈椎1节，记录着7岁以后的经历。

3.2.1 骶椎、尾椎与0～3岁

0～3岁（在整个尾椎骨部位）对应前面讲到的按图索骥中的骶

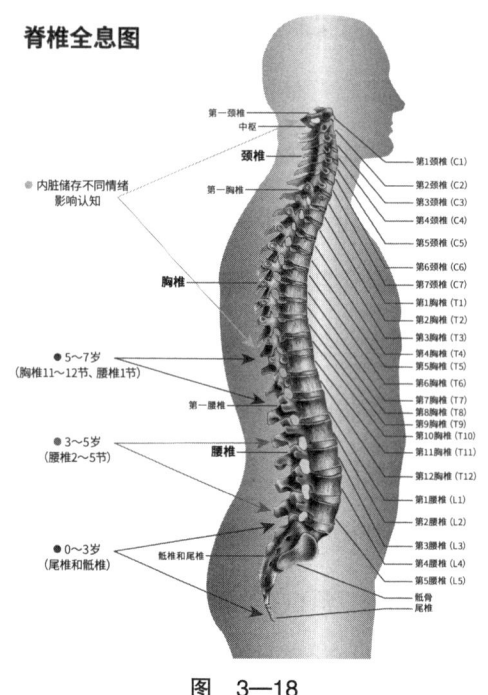

图 3—18

骨部位。正常躯体的臀部，两侧很丰满，而骶骨中间是塌下去的，这里既有肌肉，又很柔软，能摸到骨头。如果某个人这个部位正中间骶骨位置不是肌肉，而是软乎乎像脂肪一样的肉垫，说明他有分离焦虑，这是由于激素水平不正常所致，会导致情绪不稳定；如果这个部位一点弹性都没有，摸到的就是干枯的骨头，说明他在0~3岁很可能经历过较大的危险，感受过很大的恐惧。每个人的骨骼结构不一样，大部分人这部分的骨头是凹进去的，也有少部分人这边的骨头是凸出来的，关键是看骶骨部位的状态，如果有塌陷、干瘪或肉垫，甚至凸出来等，那么此人在0～3岁可能经历过各种不合适或是不安全的照料，存在创伤性的经历等事件。

此阶段的孩子最为弱小，最依恋父母，需要得到父母足够且合适的爱与照料，满足他们最基本的生理需求，建立起基本的信任感。如果孩子在此阶段未得到合适的养育和规矩的照料，比如过分宠溺和过多的关注，那么他内在会形成自恋性自大，以后可能出现性格偏执，变得贪婪和具有掠夺性。很多心理疾病的症状都是在这个阶段形成、发展的，例如自闭症、躁郁症、边缘型人格障碍、反社会型人格障碍、自恋、强迫症、癔症等等。这样的人通常臀部特别丰满。

这里发生变形还有可能是外伤或是先天畸形所致。外伤也能产生情绪，但这个情绪和前面讲的情况不同，影响也不同。比如一种剧烈的疼痛，会在内心产生一种恐惧感，当个体遇到相似环境时，身体也会有同样的反应产生。俗话说：一朝被蛇咬，十年怕井绳。

我发现，身体上的这个区域正好对应着人的安全感。骶骨的神经都通向生殖器，而我们的生命就源于睾丸产生的精子与卵巢产生的卵子结合成的受精卵。我们在胚胎时期或刚刚出生时有一些情绪，会跟这里（骶骨）有关系，这里叫无意识的情绪。这个地方如果不通畅，就会影响我们的生命力，会觉得累，容易疲劳。在身体上，容易得皮肤病、免疫系统疾病、内分泌失调、失眠易醒。为什么呢？因为没有安全感。于是就形成了一个固定的模式：我要注意周围的环境是否安全。当然，武林高手不同，是因为他们已经把自己的经络打通了，和周围联结了，所以一有动静，就会有反应。当一个人是柔软、通畅的时候，同样也会非常敏感，对周围环境的变化会有相应的反应。

有人会问，我现在得的疾病比如皮肤病，都是长大以后的事情了，跟小时候有什么关系呢？有时候，一个身体上的聚结要到一定年龄才表现出相应的问题，但每个人出现问题的时间早晚不同。

3.2.2 腰椎2～5节与3～5岁

3～5岁对应腰椎2～5节，腰为肾之府，肾藏精主髓。肾中精气是人体的基本物质，也是人体生长发育及各种功能活动的物质基础。这个部位堵塞，人的生命力就会降低，会让人产生不明缘由的消极感、恐惧感、焦虑感，总觉得自己不安全，但是又察觉不到问题。这在心理学上被称为期待性焦虑。这样的人情绪是非常复杂的，他有时讨好，有时指责，有时打岔，有时会无缘无故地发火，有时会无缘无故地消沉。恐惧性的情绪是我们的原始情绪，它会转换，转换成焦虑、愤怒、委屈。

这个时期的孩子处在弗洛伊德所说的产生恋父、恋母情结的"性欲期"。人在这个年龄阶段要发展出自主接受世界、看待世界、从语言和行动上来探索和扩充环境的能力。这个时候产生的创伤会很复杂，即他觉得自己无论做得多好，都不够好，于是，各种各样的情绪便产生了。

如果身体这里聚结很厉害,就容易产生神经系统疾病,如失眠;泌尿系统疾病,如慢性肾炎、肾虚、腰疼;还有免疫系统疾病等。因为这里影响生理神经,这些神经根汇集到我们的生殖器,如果这里存在一个巨大的恐惧,那么就会伤及生理,这个人就容易得系统性疾病。

3.2.3 胸椎11~12节、腰椎1节与5~7岁

如果一个人的胸椎11~12节、腰椎1节坚硬并且隆起,我们就可以判断他5~7岁发生过一些事情,这里的事情一般都是分离焦虑,而且是有意识的分离焦虑。这里存在的焦虑是有亲人离开,这个亲人与他的联结特别深,之后便会出现这样的状况:只要有分别,他就不能接受。这里有恐惧——孤独的恐惧,还有依赖——对对他好的人产生依赖。

5~7岁的孩子开始进入学校,系统地学习和掌握各种知识技能,如果这个时期的孩子没有体会到完成学习的乐趣,会形成一种自卑感,对自己失去信心,怀疑自己的能力。这个时期也是青春期的前期。

这个区域也对应身体的脾区,反映脾胃功能的情况。如果这里出现板结,孩子的脾胃运化或存在问题,这样的孩子通常胃口不

错，食量也不小，但就是体型瘦弱不长个儿，这是脾胃运化精谷的功能差，吃了不吸收；如果此处有隆起，则说明孩子身体有痰湿淤积，体型会虚胖，肌肉无力。

3.2.4　胸椎10节及以上至颈椎1节，7岁以后的经历

7岁我们的人格就已经基本形成，胸椎10节以上便是我们7岁以后的人生记录。

随着年龄的增长，我们的情感越来越丰富，感受力也越来越强。7岁及以上这部分和我们的情感有关系，比如和我们父母的沟通、和我们朋友的沟通，都会反映在这一部分。这个部位大部分显示当下的情绪和能意识到的情绪，如果我们当下发生一些事情，就会反映在这个部位，而这个部位堵塞大都跟情感伤害有关系，比如失恋，会反映在心俞部位；和老公有情绪可能反映在胃俞部位；工作压力大、生活中经常压抑和愤怒则会反映在肝区部位。

这个年龄阶段涵盖儿童至青春期的各阶段，及成年后的发展，人不但外形巨变，体内各种生理机能也迅速增强，并逐步趋于成熟，出现情绪和情感的两极化。与此同时，我们进入学校，接触社会，每个人所处的环境都不同，习得的习惯也就不同，于是形成各自不同的行为模式。再加上不同的原生家庭不同的互动模式，多种因素逐渐形成各自不同的人格特征，如焦虑型，付出型、承担型，

讨好型等等，这些都受社会环境所影响，也和社会经验形成的习惯有关。值得注意的是，胸椎10节及以上至颈椎1节的这个部位没有年龄界限，哪怕四五十岁的经历与情绪也会反映在这个部位，这是有意识的情绪区域。

以我的两个孩子为例，说说他们在这个时期的一些情况吧。我们刚到上海的时候，儿子9岁，之前他在老家出生长大，是个活泼开朗的孩子。当时我工作已经很出色，认识我的人很多，家里各方面条件都很好，所以他在老家有很强的优越感，觉得自己无所不能，比同伴都强，他会把所有认识的小朋友带家里玩，把零食和玩具拿出来和大家分享。搬来上海后，环境改变了，他一个朋友都没有。初到上海时，我们是租房子住的，他发现周围大部分人的知识及经济条件都比他的好。他开始感到压抑，产生了很大的不安全感，体形开始改变，身体变胖，肚子变大，臀部变小，腿变细。我观察到这一点的时候，就决定买房子，买好房子后，我开始培养他的性格，给他输入安全的信息。孩子开始有些改变。但我又发现，他走路开始驼背，因为他觉得他和别人是不平等的。我们只有在感觉和别人平等的时候，才会有自信。我检查他身体，发现他的阴茎不长，睾丸部位是黑色的（原来这部位是白色的），说明他有恐惧感。而他的腰部高起，说明有压力。我给他治了三天，后背变得平坦许多，也瘦下来了。后来我又想给他培养一个爱好，就是打架子鼓。我告诉他，如果你有情绪，就可以用打鼓来发泄。以后他只要有情绪，就打那个架子鼓。渐渐地，他开始长个儿了，那一整年，他长高了12厘米左右。

　　再讲讲我女儿。她那时14岁，比我儿子大5岁。初到上海时，她和我儿子有一样的感觉。有一次，我和女儿路过一座桥，她和我说了一句话，让我掉了眼泪。她说："爸爸，我想从这桥上跳下去。"我心里一紧，忙问："为什么呀？"她说："来到上海后，我的生活没有阳光了，我看到的天是灰暗的。我没有朋友，没有伙伴。我的朋友在老家，我一想起我的朋友，就想从这桥上跳下去。"14岁，青春期开始，她需要和朋友联结，需要社会和朋友的支持，要有归属感。这个归属感，是她的朋友给的。虽然父母能给她一部分，但当社会的归属感失去的时候，孩子的内心就没有了阳光。我就和她讲，我小的时候曾经也有过这样的感觉。在我十几岁的时候，被寄养到了北京的新家，我对这个家庭很陌生，这个家庭对于我的融入也没有表现出欢迎的感觉。有一天晚上，我从这个家走出来，在天安门广场走了一晚。那个时候我也在想"死了算了"，我是那么多余，我在原生家庭里是多余的，生父生母把我送走，而新的家庭也并不真正需要我。我就像一个风筝，但风筝也需要有一个人拽着那根线。那时我才发现"追求自由"是句空话，人是需要有归属感的。我深深地记得，我在这个新家无意打碎了一瓶酱油，我观察这个家里的每一个人，观察着所有人的目光，发现他们是用嫌弃、排斥的目光看着我。回头看自己的时候，我觉得自己是那么不好，没有一点喜欢自己的地方。于是，几年后我就搬出了这个家，自己在外面租了间房子，刻苦学习，独自生活。但每天还要给养父洗衣、做饭、打扫房间，做所有的家务活。

我拉着女儿的手，告诉她："你会有朋友的。我从十几岁开始就离开了家，离开了父母，现在无论我走到哪里，都会带着你，因为你是我最重要的人。你可能现在没有朋友，那现在我就是你的朋友，你可以和我说任何的话。如果你觉得心里不舒服，可以和我讲，如果你现在有什么要求，我会尽我的全力，满足你的需求。我女儿哭了。我买完房子后，女儿十四岁半，我让她挑自己喜欢的家具，设计自己的房间。我还鼓励她去找朋友。开始她说，她听不懂上海话，讨厌上海人，上海人说她是乡下人。我告诉她："对。你就是乡下人。你爷爷是乡下人，你爸爸是乡下人。我告诉你，你也是乡下人，无论你走到哪里，你都是乡下人，所有人吃的饭，都是乡下人种的。每一个人都离不开乡下人。说你乡下人的那些人，你问他一下，他的祖宗是不是乡下人。"我女儿刚到上海还经常做梦，有一天晚上，她哭醒了，跑到我们的卧室里，抱着她妈妈哭，我让她妈妈对她说一句话："我会照顾好我自己的。"她妈妈一说完这句话，女儿就说她没事了，扭头回自己的卧室了。后来她再也没有做过类似的梦。大家说为什么呢？因为女儿是妈妈的贴心小棉袄，她在心里爱着她的妈妈，在潜意识里，她会担心她的妈妈，担心她的妈妈受伤害。

以人成长的时间作为研究和探索人类身心发展的阶段标准，是一个相对常用且共通的方式。联系到前面讲的身体地图，我们可以更清晰地了解身体记载的信息发生在哪个年龄阶段。这些是我以往的临床经验，其成因还有待于进一步研究。

我们的一生当中，有很多的经历和坎坷的事件，这些事件就储存在我们的身体当中，这就是一种信息、一种能量。当它储存在那里的时候，就会影响能量的通道，形成一些疾病。我们摸不同的身体的时候，会体会到每一个生命的不同，每一个人都是独特的，没有两个人是一样的。

一个人身体很柔软，但这不证明他没有创伤。每一个人都有他的创伤。一个健康的人，会因为他的创伤，得到资源，得到经验。正因为有这些事件，他会更懂得珍惜生命，珍惜生活，更得去爱别人，关心别人。当一个人，掉进过去的创伤中不出来时，他就是在以受害者的身份告诉你："我很痛苦，我有问题，所以我才不负责任。"这样的人，才是不健康的人。

每个人都有他的经历。如果我们在经历和创伤中得到的是资源，是经验和力量，是能量，那么经历和创伤不会给我们带来负面影响。相反，它丰富着我们的人生。人体，是自然界与我们灵魂的通道。人生经历会在身体通道中留下很多的划痕，也就是我们所说的创伤。我们不是要清理这些划痕，而是要梳理它们。当我们去梳理它们的时候，它们就会去到它们该去的地方，去充实和美化我们的生命。当我们回首的时候，每一段经历，无论是多么痛苦的经历，里面都充满着爱。当我们看到每一段经历、每一段创伤中那些正向的力量时，它们就会成为我们的资源，成为我们的经验，充实我们的生命。《道德经》中有一句话："充实以为美。"当你的内心是充实的时候，你的经验与能量也是充实的。它们会充实你的空虚状态，让你的内核特别稳定，让你美得发光。"美而有光则为大！"当大道与自然界联结，你的生命力和自然界连为一体的时候，就是"大而化之之谓圣"！当我们的生命力，大道和自然界联结的时候，就是圣人。圣人是什么人？是自然的人，而不是伟大的人。伟大的人，是高高在上的人；圣人，是"和其光，同其尘，而不同流"，就是我们能融人各种环境，与环境联结，与自然界联结，形成一个整体。

3.3　行为模式对身体造成的影响

3.3.1　何谓行为模式？

行为模式，通常情况下是一个人在应对事件时产生的一种自动化模式，也是一个人应对事件、应对情绪的一种外在表现。比如说应对愤怒，有的人用指责，这样的人会认为是别人不好，事情才变糟糕的。表面他是愤怒，用指责显示他的愤怒。但指责也是一种控制，希望别人按照他的意愿去做事，这种控制是在潜意识当中的，欲以控制来应对内心的不安全感。同样一个事件，不同的人可能会采用不同的方式，比如，同样有了愤怒，有的人表现的是讨好，以讨好的形式压抑愤怒。还有一些人是这样的，他没有能力和勇气面对事件和冲突，于是他选择逃避，用打岔的方式逃避。还有一些人，怕感受痛苦，于是他隔离感受，用理智与逻辑逃避感受，他是在用超理智的形式应对事件与冲突。这些就是我们的行为模式，即应激模式。一个人在应对事件的时候，也许以上四种形式会同时存在，然而这种沟通往往会产生不良效果，因为他是在以情绪管理人生，以情绪形成自动化模式。

一个人在生活当中会用各种各样的行为模式保护自己，应对生活。萨提亚行为模式大致分五种：指责、讨好、打岔、超理智、一致性。前四种行为模式都是在用情绪管理我们的行为模式，是一种无效沟通。一致性是一种理想状态，很多心理学家还在对一致性模式进行着探讨。我是这样认为的：一致性的表达是产生良好沟通和有效沟通的最基本状态。一致性表达首先要对自己的行为负责任，也就是说它有一定的责任性，比如说我想表达一种我的情绪或感受，我首先要看一下自己的感觉，很清楚地知道自己的情绪源于哪里，再看环境和对方是否允许我表达这种情绪；如果我表达了这种情绪，产生的结果我是否能承担，别人是否能接受，环境是否能允许。这是我对一致性表达的认识和理解。

情绪会让一个人自动化地用自己的方式应对它、表达它，一致性则会我们打破自动化反应，让我们首先认识情绪、了解情绪的来源，这是个自省过程。当我们认识了某种情绪之后，并能清楚地表达出感受、欣赏与感激，那我们就可净化关系，产生联结，增强社会适应性，为良好关系提供基本保障。

3.3.2 每种行为模式与身体的关系

我们每个人都是在用我们的情绪生活，用情绪管理我们的人生，就像一个孩子，刚刚来到这个世界上，他第一个情绪就是恐惧，那是生命的原始恐惧。每个生命来到这个世界上，第一个动力就是要活下去。当一个孩子从他的无意识发展到有意识阶段后，他就开始选择活下去的方法。他需要适应这个社会、这个环境。

在最初的状态，我们几乎是相同的，我们都由一个地方来，都带着"活下去"这同样一个目标来到这个世间。就像种子投向大地，但每粒种子到达的地方是不同的，每个孩子选择的家庭不同，于是就形成各式各样的人生。我们选择的父母不同，遗传信息就不同，我们选择的环境不同，受到的教育就不同，受到的关注也不同，于是我们就出现了一些差异。比如，我们选择的父母身心非常健康，于是当他们给予我们生命的时候，也许就给了我们更加健康的身体，我们身体在某种程度上能量是充足的，内心在某种程度上是安全的；当我们选择的父母给了我们良好的亲密关系、家庭氛围，我们将会是开放的、安全的、接纳的、积极的，是一个身心健康平衡的孩子。就像一粒种子落在土地肥沃、水源充足、光照充沛的大地上，如果它本身又是一粒优良的种子，它的生命便会得到充分展现，它便会健康地成长。当然这是一个非常理想、幸福的人生。

但我们每个人的选择和经历是那么不同，也许父母会给我们带来很健康的身体，但不一定父母之间有良好的亲密关系，也许他们之间经常发生冲突。就像一粒饱满的种子，尽管它生长在一个环境比较恶劣的条件下，但由于这粒种子生命力非常顽强，它会克服种种困难生存下来。也许这样的人会绽放自己的生命，也许恶劣的环境会使他的生命更顽强、更多彩；也许在他的人生当中，会有很多的创伤与痛苦；也许这些创伤会在他身体上留下些痕迹。比如一个很大的伤心，会在他的心包经上留下些痕迹，影响他的身体，引发一些疾病，会影响他的行为模式，他会变得多愁善感；一个巨大的恐惧，则会在他的腰部产生包块、条索、聚结，会让他时常感到腰不舒服，在人生当中，他便会有一些行为模式，去寻求安全……如果一个生命，他存在着这些痕迹，这些痕迹也许会带给他一些动力，这是生存动力，就像一个恐惧的人，他会为这些恐惧做很多工作，做很多创造，去避免危险的存在与发生。

如果父母长期争吵、感情不和，那么也许在这个孩子的生活当中，他会把情感看得非常重要，也可能因此而怀疑情感，怀疑爱情，虽然有很多渴望得到爱的需求，但是他会拒绝。同一件事情会产生两个不同的结果，然而这两个不同，却可能源于同一个人的身体能量。比如一个人从父母那里得到的生命力非常顽强，力量非常正向，他就会用恐惧去创造，因忽略而去追求；如果一个人的身体能量不足，那么就会因为害怕而退缩，因为得不到爱而产生自我价值的不足感，会觉得自己不值得被爱，形成排斥与怀疑的情感模式。

每一个人都有自己的人生经历，都会有一些创伤问题，就像每个人生下来都会经历感冒。每一次身体生病的过程都是机体免疫力提高的过程，我们的心理也是如此，如果一个人完全在顺境当中生活，那么他就不具备对恶劣环境的适应力和对逆境与打击的抵抗力，就像一个从来没得过病的人不会具备更高的免疫力。比如，有一个大学生曾一直是班级中成绩最优秀的学生，每次考试都是第一名，但进入大学后，他的成绩不再是第一，便跳崖自杀了。他从小就非常优秀，家庭条件也非常优越，从小没受过任何打击，不知何为逆境，因此他的内心不能承担这样一个巨大的落差。

现在社会很多这样的孩子，只接受成功不接受失败，就像一棵幼苗长在大棚里只接受一种温度、一种单一环境，如果把它移栽到大自然中就很难成活。虽然每次的创伤会留下一些痕迹，会造成一些疾病，会影响我们的情绪，会形成我们不好的行为模式，但创伤也会为我们带来成长的契机。比如一个人，有爱的缺失，他的臀部、腰部会出现板结，会引起肾虚、肾病、腰痛或生理性疾病，也会因为这些板结产生一些抱怨、怀疑、不安全感，但这些行为模式在很长时间内存在着，在某种程度上也保护着他免受重大的创伤。

不同的行为模式会有不同的情绪表现、行为表现和身体疾病。反过来讲，一个人身体所存在的痕迹不同，其情绪及行为模式就会不同。比如肩颈厚重、坚硬的人就容易指责别人，容易得高血压、心脑血管疾患、甲状腺功能亢进。但同时，如果一个人经常处在一个愤怒的环境中，他也会得这些疾病。所以情绪与身体、行为模式之间是一个整体，是互相转化、交互作用的。然而我们的人生是一个追求完美的过程，追求幸福与健康的过程，这是个智慧的历程。当我们带着我们现在的智慧回看自己的人生，与身体对话，探索我们的人生与经历，去梳理整个人生，与每一个创伤、经历接触时，我们就会发现，每个经历与创伤都只是一个能量的组织，当它被重新梳理，就会成为资源去丰富我们的人生。这是一种智慧，一种自然的智慧。

行为和情绪两者是相互联系，不可分割的整体。首先，情绪表现本身也是行为表现的重要组成部分。其次，人的某些行为或事件会导致情绪的产生，而情绪又会对行为产生反作用。这部分的内容，我想再补充几个实际的案例，可能更为生动、直观。以下"学"代表学员，"肖"代表本人。

● 讨好型

案例1　委曲求全的孩子

学："我有一个表妹，和我就差二十天。从小，我们两个人的性格就特别不一样，所有的亲戚朋友都说我是很温柔的人，所以我从小就把我自己圈在这个温柔的框子里了，总是用这个标准要求自己，所以发展出来的应对模式就是讨好型的。我经常压抑自己，委曲求全，用这种方式来获得大家更多的关注。我总觉得我有一种受虐者的心态，用自己折磨自己来换取别人对自己的关注，但是这种方式没有取得什么效果，反而把这些东西都压在了自己的身体里了。"

肖："你希望大家同情你吗？"

学："以前是这样的，但现在我看清楚自己的这种模式以后，我觉得自己支持自己,这是最重要的。以前,在我生气的时候呢,就觉得气嗖一下就上头去了,脑袋一下子就懵了。眼前发黑,头脑发胀,手开始发麻,然后有些话开始不经过大脑思考就都出来了,然后就感觉有一团气堵在脖颈处,感觉喉咙里噎着,说不出话来。"

肖:"你的甲状腺查过吗?"

学:"查过,有甲状腺功能减退。"

肖:"你摸摸你的后背。"

学:"我摸了下,在后颈下面,有隆起的,很硬。"

肖:"还有什么感觉?"

学:"现在,在这样的会场上发言,我感觉我还是有点紧张,感觉手有点麻,心跳很快,在我的转变过程中,很多东西是释放了,但还有很多东西没有释放出来,压在内心中,没有得到很好的处理。还有,我表面上放弃了很多东西,不和别人争了,钱多钱少无所谓啦,但觉得这是一种逃避,是不敢为自己去争取自己的权益,尤其在单位里,感觉没有归属感,而在现在这样一个大的圈子里(指学员这个集体),我会觉得我是属于这里的,很安全,我愿意把我的感受说出来,而在单位里的那种公开场合,我基本就是不说话,没有任何归属感。"

肖:"我问你一句话,你的爸爸对你怎么样?"

学:"我的爸爸妈妈都是很传统的知识分子,都很内向,是很好的人。"

肖："你想起爸爸的感受是什么？你可以闭上眼睛，然后感觉一下你想起爸爸的时候的感受是什么。"

学："我觉得我们的感情交流要少一些。"

肖："你爸爸给了你安全感吗？"

学："我感受不到。因为我的两个哥哥都比我大，所以我和我哥哥的交流反而比和我爸爸的交流多一些。"

肖："是的。因为你没有归属感。"

学："可能吧。虽然从小他们都很宠爱我，但我长大后，和他们在一起的感觉很一般，感觉是疏离的，就是几天不打电话感觉也是无所谓的。"

肖："你摸一下你的腰。"

学："我感觉我的腰这里是凹进去的。"

肖："那里是空的。因为你没有支持。你想对你父母说什么？"

学："我知道他们很爱我，但因为传统的模式，不善于表达自己。"

肖："你现在坐下，闭上眼睛，想象着和父母有一个沟通。"

案例2 我累了，我要做我自己

学："我的行为模型是讨好型。就这些了。"

肖："请你告诉我，你身体的感觉。"

学员默不作声。

肖："你很紧张，手在麻，你的心跳在增加，在变快，你的后背变得沉了，你开始胸闷了。是吗？"

学："是的。"

肖："你觉得你内心当中，有很大很大一个像气团一样的东西吗？后背沉吗？"

学："我的后背从今年二三月份开始疼，很多年前疼过。"

肖："你觉得你背负的东西，哪一些是你不愿意背负的？"

学："太多了。"

肖："你委屈吗？你想哭吗？"

学："是的。但我平时不太哭。"

肖："因为你很坚强。"

学："是的。我知道，因为我从小到大，我知道谁也帮不了我，除了我自己。"

肖："你现在想哭吗？"

学员开始流泪。

肖："你敢哭出来吗？今天你敢为自己哭出来吗？如果你是勇敢的，你今天就哭出来。"

肖老师走到这个学员身边，摸了一下她的后背，停在胃对应的后背的上部。

肖："你这里是疼的。你今天愿意自己帮助自己吗？你喊出来，勇敢地喊出来。说我累了，我很委屈。哭出来。"

学员开始按照肖老师的指导喊了出来，然后大哭。

肖："跟着我喊，我累了，我已经扛不住了！"

肖老师让学员平躺在按摩床上，开始边按摩，边疏导。

肖："你告诉我，什么是你不愿背负的？"

学："我什么都不想背负。"

肖（对所有人）："我们大家看，她这个地方像山一样（后背对应部位），她背负着很多压力，她已经累坏了，她扛不住了，她内心的委屈要爆发了。当她还去扛的时候，她的身体告诉她，我不想再扛了，我扛不动了。"

肖（对学员）："哭出来！喊出来！把愤怒发出来！喊！你想着那个人在你面前，跟我一起喊'啊'！"

学员在哭的过程中开始干咳。

肖（对所有人）："大家发现没有，她肺部有干咳，是内部的气上行冲击的，因为她在有压力的时候，她从来不会哭，也不会喊。"

学员不断地干咳，然后吐出很多痰。

肖（对学员）："把痰吐出来，然后呼吸，深呼吸，你愿意把委屈讲出来吗？谁给了你那么大的委屈？"

肖（对所有人）："大家看，她现在背上弓起的山开始下去了，其实情绪就是一种能量。"

肖（对学员）："再喊！"

学员持续大喊。

肖（对所有人）："大家再看一下她的后背，我们已经看到了情绪引起的变化了。"

肖（对学员）："你现在想说什么？"

学："我希望我父母爱我，而不是只给我压力。"

肖："你现在想象你父母就站在你面前，你想对他们说什么？"

学："你们离我远点，我恨你们，你们给我的都是压力。我实在背负不动了。"

肖（对所有人）："她这里弓起的部位，是肝。她有两种完全不一样的情绪。这个部位全部是火。"

学员继续不断干咳，吐痰。

肖（对学员）："你现在轻松点了吗？你现在想象，你的爸爸妈妈还是站在你面前，你想对他们说什么？现在，跟着我做一个练习。你跟着我讲，'你们是我的爸爸妈妈，我是你们的女儿，你们有你们的命运，我有我的命运，我现在把你们的命运还给你们'。想象着走到他们面前，就像摘包袱一样，把后背背负的东西还给他们。然后给他们行礼，告诉他们，'你们在上，我在下，你们大，我小'。跪下，行礼。说'谢谢你们，我把命运还给你们，我是你们的女儿，我不再背负你们的命运'。你用你自己的表达方式，再表达一遍。"

学员遵从肖老师的指导。

肖："你现在后背有什么感觉？不再痛了？"

学员点头。

肖："你就是因为背负了自己不该背负的东西，现在背部的隆起下去了。是病吗？其实就是一种情绪，你等于做了爸爸妈妈的妈妈，你是背负不起的，你是背不动的。深深地吸一口气，吐出来，好，现在告诉自己：'我开始爱自己了。'把吸进去的氧气吸到你过去疼痛的部位。"

学员做完后回到了自己的座位上。

肖："如果你还有要讲的，你就告诉你自己，我给自己留一点时间，然后做一个承诺，和我一起讲，'我做我爸爸妈妈的女儿，我不再做他们的妈妈了，从现在开始，我还会爱他们，但我不再做他们的妈妈了'。"

学员有些犹豫。

肖："你还是放不下，是吗？你这样跟着我讲，'我会很爱你们，但我不做你们的妈妈'。回家常做做这个练习。"

● 指责型

案例1　对亲人发怒

学:"我的行为模式,是指责加讨好,我对我亲近的人,较多的是指责,和我关系越亲,被我打击越多,我越是会对他发怒。我也在察觉我自己,这也是个过程,所以,本质上讲,我的内心是讨好的。在我走上工作岗位后,慢慢地,我开始有一些变化。我现在最大的体会,就是一个人要具备向和自己原有的性格相反的人学习的能力,所以,我就从老实变得狡猾,善良变得凶狠。所以,我这种指责的表面,在我内心其实是非常弱小的,非常老实巴交的,但因为我的职业关系——我是做生意的,生意许多时候是尔虞我诈的——慢慢地,我的性格就变了。所以现在,我的行为模式就是,我越亲的人,我越喜欢的人,我越不客气,我和一般的同事、上级,却非常客气。有时脾气上来的时候,真的是相当不客气。"

学员太太:"我觉得,差不多。他整体上是这样一种行为模式,越亲的人,他越严厉。表面上他对人非常严厉,但内心中,他对这个人会非常好。"

肖:"你小时候,你父母如何对待你的?"

学:"我小时候,父母对我非常好,我妈虽然有点唠叨,但都对我非常好。"

肖:"我昨天摸了你的身体,你的组织是蛮柔软的,除了一个伤心的经历，其他没有什么问题，你的人格是蛮稳定的。大家发现没有，他会对自己最亲的人最严厉，我们同样如此，我们只有对我们的亲人，才会有情绪，我们对和我们没有关系的人，肯定是没有情绪的。所以，当对方对你有情绪，对你发火的时候，反过来讲，你应该感到高兴，因为，你在他的心目中很重要，对不对？"

案例2　学会放下

学："我觉得我以前的行为模式也是指责和训斥，但是我在2005和2006年做了两次大手术，从死亡线上很艰难地爬回来后，我现在的行为模式，更多的是忍耐，是无可奈何。刚才老师做个案让案主喊出来'你很累'，并且让她把一切顾虑都放下的时候，我也结合我自己的生活背景，想着要放弃一些东西，随即我觉得我肝部的一些东西在往下走。"

肖："好，停一下，你要放弃什么？"

学："很多。"

肖："我问你，放弃和放下，是一样的吗？"

学："应该是放下，而不是放弃。"

肖："你在你生活当中，失去了什么？"

学："我觉得，我好像什么也没有失去，但前一阶段，当感觉特别无奈的时候，我觉得我有点撑不住了。今天我坐在这屋里，不停地打哈欠，觉得自己真的快要死了，就去了洗手间，然后就出现了手术前出现过的那种模式，就是不停地打嗝，然后打了一段嗝之后，觉得我的腿一点力气都没有了。后背右侧的一个痛点，也是我过去经常生气的时候感觉到的那个点。"

肖："我知道你可能生了很多气，你这些气占据了你身体当中的许多部分，是愤怒的气。当年做手术的时候，你拿掉了什么？"

学："我做手术的时候，是先天性胆管囊肿，然后把胆囊切了，把整个胆道挖了，又从下面割了一段肠子接到上面。"

肖："你现在坐下，体会一下，你拿掉的，是先天的，还是后来的？然后再体会一下，在生命当中，你所有得来的气、你所有的经历，你再回看一下，好吗？当我们宣泄愤怒的时候，怒使气上，气会到我们后脖颈处，此时我们的气管会出问题，上呼吸道会出问题，肺经会出问题。而压抑愤怒的时候，伤及肝胆。"

● 回避型

案例1　"钢筋水泥"般的她

学："肖老师，其他人触摸我的时候，觉得我这里硬，那里硬，到处都是硬，但是我没有感觉到我生病了。我平时很忙很累，其他人总是病倒，而我不会。但我也发现，如果我情绪不好的时候，第二天肯定感冒，感冒都是从呼吸道开始。关于我的行为模式，我没有想到指责、讨好，我想到的是逃避，比如肖老师你今天说别人身体如何如何，无论她们是怒火万丈，还是泪流满面，我都是在边上静静地听着，好像吵到的不是我。如果你生气了，我会和你道歉。等事情过了，你还是你，我还是我，就这样了。还有，想想这么多年我是如何过来的，我觉得我是不倒翁，但我不是很坚强。别人看着我要倒下去了，但是我从没有倒过。"

肖："是什么支持着你？"

学："是我自己内心的信念吧。"

肖："你内心的信念是什么？"

学："因为我从小没有父亲，我母亲是个农民。然后我靠自己上的大学，靠自己找的工作。在那个时候，很多同学会去院长家送钱，但我没有花过一分钱。在那个时候，我就在来回的路上花了四十四块钱，然后找到了工作，就觉得自己很幸运。找到工作还没有上班时，我去干过保姆，也去陪过舞。在陪舞的时候，我见到了我的同学，然后我跑到我朋友那里大哭了一场，就是觉得自己是一个舞女，肯定没有面子。但是我的朋友说，你在这样的场合都能应付下来，你还有什么可以怕的呢？所以，我从来没有倒下过。"

肖："你心里有个声音，不允许自己倒下。"

学："对。"

肖："但是当你心情稍微有点不好的时候，你就会倒下。"

学："我觉得是我把自己打垮的，是我的情绪把我打垮的。"

肖："将来，打垮你的，就是你自己。"

学："大家检查我身体的时候，说我的压抑大于我的愤怒，因为在我的记忆里面，我从来没有发过脾气。"

肖："当一个人对自己说'我不允许自己倒下，我会握紧自己的拳头'时，你说，这样的情况，他能坚持多久？"

学："坚持不了多久。"

肖："你能坚持多久？你能让自己的内心软下来吗？你能让自己柔软吗？"

学："我能让自己柔软。"

肖："你如何让自己柔软？"

学："爱自己，爱别人。"

肖："你现在闭上眼睛，看看自己最柔软的地方在哪里，你能发现吗？"

学："没有了。"

肖："你的内心是钢筋水泥。"

学："那为什么呢？"

肖："因为你不允许自己柔软。你去感受一下你自己。你现在闭上眼睛，去想想你的父亲和母亲。想想你小的时候，在你妈妈怀里的时候，你那个时候是柔软的。而现在你内心有一个声音说，这个世界是和你没关系的。"

学："是的。我总感觉我是一个旁观者。"

肖："你总觉得你是一个旁观者，这个世界和你是隔离的，你和你的内心也是隔离的。"

学："是的。包括对大自然的亲近。我觉得我对那些花草树木、飞禽走兽，也是没有感觉的。"

肖："对的。如果时间长了，你会变成什么呢？"

学："包括在我的记忆中，别人对春游啊、发钱啊很兴奋，而我是完全没有感觉的。"

肖："你能想象汶川大地震中那种会坍塌的楼房吗？你就如那种楼房，因为生活是动荡的。"

学："虽然在我的生活中，别人评价我是林黛玉型的，但我知道我不是。"

肖："你的内心就像是钢筋水泥。你需要和自己待一会儿，体会自己，寻找柔软的地方。"

● 超理智型

案例1　把最好的给别人

学："我的行为模式是超理智、指责、讨好、打岔，四条我都有点。超理智，虽然我感觉我很柔弱，但是我会非常冷静地处理很多问题。在我想明白的时候,谁也阻碍不了我。当别人说的和我想的不一致的时候,我会把话题岔开,我不会随着他的话题走,而是让所有人随着我走。讨好型和指责型,我是先指责,后讨好。为什么呢?是因为我指责他,是要讨好他,是因为我希望他更好,更幸福,因为我觉得我是个非常善良的人,我有包容的心、宽容别人的胸怀,这就是我。正因为我是非常善良的,所以我受的委屈和背的包袱是非常重的,但我也是理性的。所以今天我会和大家在一起,因为我觉得我需要放下一些东西,所以我来到了这里。当我发生了一些事情的时候,我的身体会出现一些症状,我会有体感,我会浑身无力,皮肤会有涨、热等不舒服的感觉,不管我在做什么事情,我的内心都希望别人能更好,不要走一些弯路,所以我希望把最阳光的一面展示给大家。"

肖:"我问你一句话,最不好的一面,你展示给谁了呢?"

学:"给自己,所以我会成为这个样子。"

肖:"我问你,你留下的都是什么呀?"

学:"都是包袱、委屈、垃圾。"

肖:"现在你给我做一个承诺,你应该改变什么?"

学:"我应该改变,去学会面对自己,爱自己。为什么我说我自己非常理智和聪明呢,就是因为我知道当我包袱背不动的时候,我会卸了。我听了肖老师的讲座后,感触很深,虽然我意识到我要卸这个包袱,但是我不知道如何卸。而在听了肖老师的课程以后,我会把这些传递到我的亲人和我的朋友中去,让他们都能感受到。我觉得我在变,而且变得非常快,从心情上,从内在到外在都在变。原来阳光是展示在别人的身上,而不是在我内心,那么现在呢,我是内在到外在的阳光。"

肖:"你现在闭上眼睛想象:你的内心当中有一个阳光,你的身体会变成阳光的光环,你让那个阳光慢慢变大,你身体的那个光环也在慢慢变大,你的身体是透明的,你让你的身体与自然相通,让所有该转化的转化。你深深地吸一口气,对自己说'我只是自然界里的一个能量,我的内心永远充满阳光,我接受我原来不愿接受的东西,我放下我想放下的一切'。深深地吸一口气。然后睁开眼睛,看看我。什么感觉?"

学:"刚睁开的时候很朦胧,现在很清澈。我想再多说一句,我有一个小妈妈,我的妈妈在我记忆中,就是一个小婴孩,到现在了,六十几岁了,还是一个婴孩。但是当我明白了这个道理的时候,我就会跟她讲。所以内心我会觉得快乐。我在照顾我的小妈妈的时候,我也会很快乐,我会告诉她,你是我的妈妈,我需要你的怀抱,这也是为什么昨天我会觉得很委屈。因为我的妈妈很小,她五十四岁的时候就得了半身不遂,是因为她的性格和她的脾气,她特别固执。我爸爸特别疼爱她,因为我爸爸的疼爱,这个责任就转嫁给我了。我们家三个孩子，我上面还有两个哥哥。那么我们这三个孩子，为了让我们的妈妈开心，不惹妈妈生气，在我们幼小的时候，爸爸就告诉我们，你妈妈说的都是真理，你们不许让你们妈妈生气。所以从小，我们三个孩子一直非常疼爱我们的妈妈。但现在我会和他们去说了，我说妈妈，你是我的妈妈，虽然你是我的小妈妈，你需要我照顾，但我也需要你的爱。这是我今年开始改变的，我想我现在就应该每天去练习，这样会从我的内心卸下父母那边的责任，他们也会一点一点意识到自己的责任，我的妈妈现在就比原来长大了一些。谢谢！"

肖："我告诉你一句话，你要记住：'我接受我妈妈孩子的一面，但她依然是我的妈妈。'

刚才，我们看到了超理智的一个案例，一个超理智的背后，有什么呀？刚才我们谈到了几点：摒除一切感受；我在否定自己，我也在否定别人；我在怀疑自己，我也在怀疑别人；我的怀疑只有证实到了，让我真正有感受了，我才会相信。如果让一个超理智的人有感受，怎么办？我们就做很多工作，让他相信一个事物，让他自己去体验，你拉着他多去学习，多去体验，在生活当中去体验什么是情感，什么叫痛苦。我相信一个超理智的人，内心当中肯定有很大的一个痛苦，他不敢去碰，他才会形成超理智。我和很多超理智的人做过沟通，我认为超理智的人，是非常聪明的人，他要学习很多的东西去证实很多的观点。他的观点都不是通过直觉和感受来的，他的观点都是通过实证来的。在实证当中，他也学习到了很多，他的知识很丰富。如果一个超理智的人有了信仰，那么就很难改变。"

学："我老公信仰共产主义，他特别恨我的一件事，就是我把他的马克思的书给卖了。我当时问他要吗，他不说，就放在一个箱子里，后来我给卖了，现在他常为这个事指责我。"

肖："这是他的信仰，因为他找了那么多的理论知识支持他的信仰，然后固定下来。你再给他推翻，他怎么办呢？"

学："原来他天天说我好，而现在他恨我入骨，为这件事。"

肖："如果我们和超理智的人去接触，要拉着他，去感受大自然。你拉着他，站在海边，看着大海，你问他，你现在心里舒服吗？这就是感受。你拉着他，去晒太阳，你问他热不热，他告诉你热，这也是感受。你就告诉他，这就是感受。"

肖："我们在座的有很多是咨询师，如果我们碰到这样一个人，超理智的人，来做咨询，我们怎么应对他？我们要认同他，接受他的观点。神经语言程序学（NLP）有个技术，叫先跟后带。你先认同他，他就觉得，自己找到知音了，然后，你再给他讲另外一个想法，你看，我有这样一个想法，这个想法对不对？他就开始分析了，呃，你这个想法也对。好，他跟着了吧。再带他，我还有这样一个想法，他又开始分析了，嗯，你这个想法也对啊，这是什么呀？你带着他认同了你。是吗？我带着你，认同了我。我首先给你种一个种子，让你产生另外一个信仰，信仰我，然后我再告诉你，其实，我们的人生是很丰富的。给他另外一个观点。你告诉他，我打你一下，你是疼的，对不对？其实，你和超理智的人说伤心、痛苦，他会觉得很奇怪，你哪里来的那么多毛病啊？你怎么那么多事啊？你可以给他一个突破、一个冲击，让他有一个感受。如果一个人，有一个突破、冲击的时候，他的壳就破了。

我给大家一个技术去打开这样的人，你问他一个问题：'让你最生气的人是谁？是什么事情？'他肯定有。然后，你再问他，让你有痛苦感觉的事情是什么样的事情？这是什么？让他回忆，让他的回忆和他的感受去联结。如果他这个时候接收到了，他会说：'让我最生气的事，是我多少年以前发生的一件事情，是这么回事，然后本来应该那么做才符合道理，结果他就是违背我的道理去做，让我很生气。'生气是什么？就是感受。然后我们再问他：'那我们回想一下，在你人生当中，最让你伤心的事情，你还记得吗？'进入感受了吗？遇到这样的人，做咨询是很困难的。

通过我们的疗法进入超理智的人，是很容易的。超理智的人有个问题，他的能量集中在大脑上，他很少有感受。如果他走到你的咨询室，你看到他，他的体型是向前弯着的，你摸一下他的后背，然后说，你消化不好，他会说：'是啊！你怎么知道的！'如果你摸到他的胃也有问题，就说：'你的脾胃也不太好。'他会说：'对啊！是有问题啊！'"

学："是的。我老公的胃是不好。睡觉的时候，口臭！"

肖："他会有口臭！为什么呢？因为他脾虚，胃热，产生那种臭！他的胃动力不好。他的能量全在大脑了，所以，下面的能量就不够了，消化能力差了。然后你揉动他通胃的地方，问他现在什么感觉，他会说：'唉，舒服一点了。'然后，你告诉他，长期思虑过多，心里有委屈的人，才会有这种疾病。

所以，有不安全感的人，你从他的身体健康入手，再进入他的感受，进入他的情绪，你才能处理他。咱这种方法先进不先进？"

学："是不是所有超理智的人，都是这样的体型？"

肖："不是，还有的人，体型不是这样的，但他是超理智的。你摸他后腰下面、盆骨这里，是有些堵塞的。你就问他：'你是不是有些过敏？'他会说：'对，我的皮肤有些过敏。'你再问他是不是睡眠不太好，经常熬夜，他会说：'对啊！'然后，你就告诉他，经常熬夜，是影响身体的，然后，告诉他，经常思虑过度、焦虑的人，容易得皮肤病。然后再问他，'你为什么有焦虑呢'？这个问题，进入哪里了？进入了（萨提亚理论中）冰山的哪层了？如果碰到了超理智的人，从哪里入手？

从观点！就是先跟后带，从观点开始，带入感受，问他'你为什么经常焦虑'？然后，进入哪里？期待！他往往会回答'因为我期待着我的事业发展，我期待着所有人都对我好'，进入这里，就好进行了。再问他：'你这种期待，在小的时候，被满足过吗？你对父母的渴望是怎样的呀？你对自己有怎样的期待啊？是这样吗？'这就是立体的冰山。"

3.4 身心全息疗法案例分享

3.4.1 我不再害怕了

这个案例中的学员，在人际交往中存在沟通不良的情况。与人沟通时无法直视对方的眼睛，在公众场合发言很胆怯。（"案"为案主，"肖"为肖然老师，"学"为其他学员。）

案："我就是性格比较胆怯，比较恐惧，比较自卑吧。我一直想把自己改变，这就是我一生想追求的目标。"

肖："胆怯、自卑，这是你自己觉得的问题，是吗？那你现在介绍一下你自己，如果让你形容一下你自己，你会如何形容自己？"

案："我就觉得我自己特别没有自信。"

肖："首先说你的外表，你漂亮吗？"

案："我觉得我不漂亮。"

肖："你有多丑？"

案："反正我觉得别人都不喜欢我。"

肖："谁最不喜欢你啊？"

案："我觉得很多。家人啊，同事啊，都是这种感觉。"

肖（对所有人）："我们大家对她讲，我们都喜欢她。"

所有学员都对案主说"我们喜欢你"。

肖（对案主）："你听后什么感觉？这是真的吗？能填补你内心的需求吗？"

案："应该能吧！"

肖："我觉得不能。你有眼泪。你能告诉我这代表着什么吗？"

案："我觉得有时候感觉很委屈，很绝望吧。那种感觉。"

肖："有一种声音告诉你，我要离开这个世界，我是那么不值得。是这样吗？"

案："是的。对。"

肖："来，我们做一个评估，好不好？来躺下。"

肖老师开始摸这个学员的背部。

肖："告诉我，爸爸妈妈经常说你的一句话是什么？"

案："我妈妈在我十二岁的时候去世的。"

肖："妈妈在临走的时候，是想着一句话走的：'我很不放心你！'"

案:"妈妈在心里一直是疼我的。妈妈知道我的个性。"

肖:"跟着我说一句话:'妈妈,我要跟你走!'"

案:"妈妈,我要跟你走!"

肖:"'我要离开这个世界!'说出来。"

案:"我要离开这个世界!"

肖(对所有人):"大家听到了吗?这是我看到她对她身体做的一个评估。大家看到她的身体是这样的,她的生命里有个力量,在奔向死亡。一会儿我跟大家讲为什么,好不好?"

肖老师在不断地按摩这个学员的背部,尤其是在心脏背后心俞区域的部位。

肖:"哭出来,妈妈在你面前,跟妈妈讲讲。"

案:"妈妈我很委屈,我觉得很孤独,没有人照顾我,没有人呵护我。"

肖:"我是多余的。"

案:"我是多余的。没有人能照顾我的感觉。"

肖:"你对爸爸有什么样的情绪?"

案:"爸爸特别不爱护我。"

肖:"爸爸经常和你讲什么?"

案:"爸爸总是觉得我很无能,没有能力。"

肖:"你想象爸爸在你面前,对你说了一句话。"

案:"爸爸总是觉得我活得很窝囊。爸爸说,人过留名,雁过留声。他说我活得很死气沉沉。"

肖老师继续揉着她的背,揉着她的腰部。

肖:"现在,你随着我做一件事情。从你的这个地方(腹部),用力把它喊出来,用自己的声音把它喊出来,喊'啊'!用力,用大力。"

学员喊了几次,从很轻到有些声音。

肖:"用力。我帮你,喊'啊——'"

肖老师用手肘用力揉压学员的腰部两边,靠近髋部的地方。学员断断续续地喊着。

肖(对所有人):"大家说,她有力量吗?她的声音是从胸腔出来的。她的这个地方(腰腹部)是空的。当她的胸腔给不出力量的时候,她就出不来这个声音。"

肖:"我们现在只做这么一件事情。就是把它喊出来,深吸一口气。喊出来!"

案主在继续努力喊,断断续续,有时要停顿一下吸一口气再继续,没有力量。

肖(对所有人):"大家听到的是什么声音?一个孩子,在干什么呀?"

肖(对学员):"'救救我,求求你,求求你,救救我'。哭出来。"

案主开始跟着说,声音越来越小。

肖:"好,我帮你。用你的力量。"

案主还在喊"啊",却没有力量。肖老师让案主脸朝上翻躺过来,按压她的腹部。

肖(对所有人):"大家看,她很瘦,但她的肚子是涨起来的,但她的肚子在按压的时候会很疼。"

肖老师开始按压学员的腹部,案主喊了几声。

肖(对所有人):"当一个人的能量不足时,她就没有能力去说出来,去喊出来,她也不敢去说出来,她也没有能力去说出来,她会觉得我是那么无价值。"

肖(对学员):"现在闭上眼睛,想想你的爸爸妈妈。"

肖老师继续反复按摩学员的腹部。

肖:"然后开始深呼吸。呼,吸,呼,吸。这个世界上,最爱你的人是谁?"

案:"我妈妈。"

肖:"你去拥抱她,说:'妈妈,我很想你。'"

案:"妈妈,我很想你。"

肖:"你感觉她的温暖。"

肖老师继续按摩学员的腹部。

肖:"妈妈不希望你跟她走。在妈妈心里,你最重要。好,你现在想象躺在你妈妈怀里,你现在后背有什么感觉?"

案:"后背有点热。"

肖:"对,后背在通畅,这是你的生命能量,它在往上走。这是你妈妈给你的。你现在穿越一下,回到妈妈和你在一起的日子。"

肖(对所有人):"来两个人,握着她的手,一个人把手放在她的前额,告诉她,我们在陪伴着你。"

肖老师双手叠着,轻揉着她的腹部。在丹田位置。

肖:"有感觉吗?你可以和你妈妈说说你的心里话。你妈妈能听到。哭出来,妈妈在听着。"

案主一边哭,一边对妈妈说着心里话。

肖:"在妈妈心里,你很优秀。你要让你妈妈放心吗?你心里有个声音,是另外一个声音:'其实,我很棒。'向妈妈说说你自己,说说自己。

告诉妈妈:'我做到了,我很优秀。'看着你的妈妈。妈妈要离去了,看着你妈妈离去。面对着你自己。对你自己说,你很优秀。"

肖老师继续揉压着学员的腹部。

肖:"看着你爸爸,看到你爸爸,在你小时候,他是怎么样的?讲出来。把你的身体放松下来。呼吸,呼吸。对。呼吸,呼吸。心里有愤怒，把它讲出来。什么感觉？你能把你的愤怒讲出来吗？讲出来。"

案："爸爸，你不关心我，你从不关心我。我有我自己的路。"

肖："一直讲，讲出来。用力量，把自己的心里话讲出来。"

案："你活得很窝囊。你也不关心我。我缺少爱。别的孩子有那么多的爱。你很冷漠，你从不关心我。我自己没有得到爱，我也不会把爱给你。你是一个冷漠的人。这么多年，我感到孤独，我很委屈。"

肖老师让另外两个学员离开了，然后让案主翻过身，面朝下，用手肘揉压她的上后背靠右边的部位和后心的部位。案主在继续述说对父亲的恨和对后妈的怨。

案："妈妈，你走得太早了。我天天受到折磨，我是如此恐惧啊，我为什么这么怕啊，我不知道啊，妈妈如果你不这么早走，我就不会这么怕人啊。"

肖："用力，用你所有的力量。呼吸，让你心里的声音发出来。"

案主开始大叫，声音越来越大，叫声越来越响。

肖："用力，用你全身的力。"

肖（对所有人）："大家听到了吗？她的声音刚刚出来，身体的能量卡在这里（在后背中间的地方）。好，大家和她一起喊'啊'！"

学员们配合着一起喊。

肖："让你的生命绽放开来。再来一次，喊。告诉妈妈：'我长大了，我有能力保护自己了，我有能力让我生活得快乐。谢谢爸爸，给了我这样一个过程，这样一个命运。'给他行个礼。"

案主照做了一遍。

肖："只是为了你自己的生命，向他行个礼。"

肖："对你妈妈讲话。"

案："妈妈，我会好好活着，我会为了自己活着。"

肖："对妈妈讲：'妈妈你可以放心了。我会很好，我会把你的生命传递下去。'"

案主照说了一遍。

肖："好，站起来。你走到每一个人面前，用你的眼睛看着对方的眼睛，告诉对方，我有能力快乐，我有能力幸福，我是值得的。告诉大家，自己走，走到每个人的面前。"

案主走到了第一个学员面前，第一个学员给了她一个拥抱，然后每一个学员都走上去拥抱她。

肖："走到每一个人面前，用自己的声音大声讲出来：'妈妈给我了这样的能力，爸爸给了我这样的生命，我会活得很好。我有能力快乐，我有能力幸福。'"

案主回到肖老师这里，给了肖老师一个拥抱。大家开始鼓掌。

肖（对所有人）："大家都看着她，她漂亮吗？她美吗？她优秀吗？她坚强吗？"

学员们表示赞同。

肖（对所有人）："就这样一个生命，她坚强地活了下来，经历了那么多的挫折和打击。从来没有人给她鼓励和肯定，她依然活得如此优秀。她不值得骄傲吗？"

学员们（异口同声）："值得。"

肖（对所有人）："谢谢大家。我们感谢每一个生命。我们尊重每一个生命，我们去相信他，他有能力走下去，他有能力用自己的方法活得很好，他有能力找到一个方法帮助自己。"

肖："有谁要分享？有谁有问题？"

学："肖老师，我看见您在给她治疗的时候，她的眼睛在不断地眨，这是为什么？"

肖："因为她害怕。人在紧张的时候身体会有一些细微动作，比如眨眼，搓手指头，等等。"

学："肖老师，上次那五天的课程，她没有出什么情绪，是一直在压抑吗？"

肖："当一个人还没有准备好的时候，她就不能打开，因为她没有力量。"

学："老师，您怎么能一看她，就知道她在走向绝望的过程呢？而且您在动她哪个部位的时候，能够令她缓解？"

肖："这就是个案评估的内容，评估是个非常重要的环节，如果你对一个个案没有正确的评估，那么你所给出的指导就会有所偏离。我给大家讲身体的时候大家还记得吗？这个地方（后下腰处）代表着什么？生命力。当她站起来的时候，我看到她的生命力部分和上面是分开的，而她喊的声音，是从这里（上胸部）发出来的，开始的声音像婴儿一样，但这个婴儿是怎么样的状态？是求救的状态，是不是？当一个人的生命力降低到一定程度的时候，他就没有力量再走下去。但我告诉大家，这只是个表象，每一种生命力都是非常顽强的！我们要坚信！如果我们的方向是正确的，给到他支持，他就能用自己的力量走出来。我相信大家刚才看到了。她是不是用自己的力量走出来了？我没有做什么，我只是给她做了一个能量的联结，让她找到自己的力量，自己走了出来。这就是生命的伟大。"

学："肖老师，我想问一下，你是如何控制自己的情感？我刚才恐慌得不得了，就产生了我自己的情绪。"

肖："如果我控制自己，那么我就不是一个好的治疗师，因此我并没有控制自己，我只是让自己保持稳定。"

学："那您哭了吗？"

肖："没有。但是，我有感动。如果你做到'致虚极，守静笃'，让自己的内心清空，让自己的情绪平复下来，你就能够做到。因为你只是带着尊重，带着谦卑，你在尊重生命，明白了吗？我们有眼泪，这是我们人情的部分，我们去尊重它。眼泪是很宝贵的，如果我们遇到某些事情，流出眼泪，那是我们真情的流露，也是我们内心当中有一部分被触动了，明白了吗？"

学："老师，您评估得特别准确，判定她在走向无力的状态，走向死亡，判断准确了之后，如果开始她出不来，那么我们该如何做？"

肖："我刚才给了她支持，就是能量的支持。当一个人没有能力哭出来的时候，你看我把手放在她什么地方？下腹部这个地方，这个地方是产生生命的地方，也是我们生命的能源。当你把我们的手放在这个地方，也就和她的生命产生了联结，你就会把你的能量传递给她。当给了她能量的时候，我问了一句：'你的后背热了吗？'当她感觉到热的时候，就是她的能量通了。我才让她趴过来（前面是面朝上，接下来是面朝下），然后我再动她的情绪，她才会哭出来。明白了吗？"

学："明白了。谢谢老师。"

学："我能否问她现在是什么感觉？"

案主表示同意。

案:"肖老师给了我很大的支持和力量。其实我一直对我这个状态隐藏很深,我从来不敢表现出来。包括我老公等身边的人,都认为我很怪,因为我内向,不敢跟别人说出来。在学了心理学之后,我觉得我能跟别人说出我的感受了。因为上一次我过来想处理问题,可能因为我胆小,我不敢说出来。这次我是抱着处理问题的想法来的。肖老师处理后,我顿时觉得有胆量了,我以前不敢跟你直视说话,我根本不敢直视别人的眼睛。对着这么多人,我走进来的时候,我是很胆怯的,我不敢直视你们,因为我觉得你们都比我优秀,我觉得我很渺小。但是,肖老师治疗后,我敢直视你们了,我敢说这种话了,对我来说,这就是一种解脱吧。"

大家一起鼓掌。

学:"肖老师,是否所有人的情绪,都要经历这种过程才能走出来?是否都要在这种场合,哭一场走一场那种,有没有其他的方式?"

肖:"不是啊,你也可以自己走出来。我就是自己处理掉的。"

学:"我想知道,你是摸到哪里,知道她有跟妈妈相关的事件?"

肖:"她的腰椎是歪的,就是我说的5、6节之间,靠右的地方有侧弯,是往右侧侧弯,而且右侧有疙瘩,左侧没有。右侧有疙瘩,说明那段时间,她对她爸爸有情绪,有很大的恨,还有恐惧,那是在她小的时候。她在右侧有个包,左侧是空的,也就是右侧有情绪,左侧有缺失感。"

3.4.2 妈妈,我想回家

案(手放在腹部):"这两边特别硬,这两年一直往外鼓,没有感觉到特别疼。"

肖:"现在闭上眼睛,对着父母讲一句话,冲出来的那句话是什么?用力讲出来。积压了很久了。喊出了,从你下面疼的地方喊出来。"

案:"感觉说不出来。"

肖(站到案主背后,手放在肩颈部):"我给你勇气。"

案:"妈妈,你为什么总打我?"

肖:"'我恨死你了。'喊出来。"

案:"可是我喊不出来。"

肖:"喊出来,我跟你一起喊:'妈妈!'"

案:"妈妈!"

肖:"来躺下来。说出最想说的一句话,用我们自己的语言说出来。"

肖(边按腹部边喊):"妈妈!"

案:"妈妈——"

肖："喊'为什么总打我，我没有错'。和你妈妈讲你的委屈。"

案："我想让你把我带回家，不要赶我出门。"

肖："哭出来，把这些年所有的积压，像垃圾一样倒出来。"

案："妈妈，我不是故意打坏东西的，我想让你把我带回家，不要把我丢在外面。"

肖（揉动耻骨）："好，深深地呼吸，吐出来。妈妈去了哪里，妈妈把你丢在哪里？"

案："妈妈把我赶出房门。"

肖："不让你进门。"

案："叫我在外面过夜。"

肖："你到现在还在那里，还在那里过夜。告诉妈妈'我想回家'。"

案："妈妈我想回家，可是没有家。"

肖："妈妈在你心里，抱抱她。"

助教抱住案主。

案："妈妈——"

肖："那是一个揪心的疼痛。"

案："妈妈，我不想这么痛，我不想恨你，我想爱你……"

肖："求求妈妈给你机会。'妈妈让我回家吧！'对妈妈讲出来。"

案："妈妈，我很想回去，回去我连坐的地方都没有。"

肖："但是妈妈想你，虽然连坐的地方都没有。"

案："妈妈，我想你，虽然这么多年我一心都想离开，可我不舒服，我从小就想离开啊，可是我很想你。"

肖："妈妈在请你留下，妈妈在请你回家，妈妈在盼望着你，回来吧。"

案："我不知道怎么才能回去。"

肖："妈妈就在你心里，你能和妈妈和解吗？"

案："我一直想和解，她一直打我，打得我腰都要断了。"

肖："妈妈也被打过。"

案："妈妈，我知道你很辛苦，可是我很小，我不懂啊，你打得太狠了。"

肖："告诉妈妈我很痛。"

案："我害怕。"

肖："可以跟妈妈回家吗？跟妈妈回家，走到每个人面前，说'我跟妈妈回家'。"

助教拉着案主的手走到每个学员的面前。

肖（对所有人）："我们每个人都站起来，欢迎你回家。"

案："妈妈，我要回家。"

肖："我们轻轻地在心里等着你回家，盼着你回家。跟着你的爸爸妈妈回家，爸爸来接你回家。喊你的爸爸：'保护我，我从此安全了。'"

案主与学员相互拥抱。

肖（对所有人）："我们互相拥抱，给予对方支持，让我们的心得到安静。我们的心能得到相互的支持和温暖，让我们每个人的心回到自己的家。"

肖（对所有人）："我们刚刚经历了一个疗愈，有没有人愿意分享他的感受？"

学："妈妈这样做，其实妈妈受了很多的苦。妈妈心里是苦的，她承受了很多，她不知道该怎么办。她这样做也是很痛苦的。"

肖："你有一个好妈妈，你也是一个好妈妈，你有一个伟大的妈妈。"

学："这位同学走过来和我拥抱的时候，我觉得好像腹内的怨气都发散到四肢了，胳膊和手指都是僵硬的，就像钢绳一样。"

肖："那是一种渴望。当渴望过大时，会使身体能量过大，超过能量通道的承载能力，产生肢体暂时性的僵硬。"

学："我能从腹部把需求和渴望用肢体语言发散出来，这是我最大的收获。"

3.4.3 爸爸、妈妈，我爱你们

在肖老师给"妈妈，我想回家"的案主做个案时，有个学员在场下产生了很大的情绪。在学员分享环节，她谈了她的感受和自己的故事。

案："看到她'回家'的时候，我是一下子从头到脚、从脚到头顶，像过电一样，哆嗦着浑身发冷，头皮酥酥的，就跟过电似的，然后全身就发热、出汗、无力。"

肖："你得到了一些能量，你谢谢她。"

案："看到她的时候我感触很多，至少她还有过爱。这个世界上我最恨的就是父母。如果说这个世界我最恨的是谁，我想说就是他们。因为我还是在被抱着的时候，他们就死了。所以我在生我孩子之前，我就不想活着，想死，觉得活着也得不到他们，死了也怕看不见他们。但是自从有了孩子，我这样讲可能是有点夸张，我觉得我是世界上最好的妈妈。而且现在我给很多人当妈妈。"

肖："你很委屈，闭上你的眼睛，想象你的父母。"

案："我都不认识他们。"

肖："你闭上眼睛，他们就在你的体内。闭上你的眼睛，放松。"

案："我浑身上下很抖。"

肖:"你很恐惧。"

案:"是,我好害怕。"

肖:"你和这个恐惧在一起,我相信会有一些改变的。让它清晰一些好吗?"

案:"是的,我很坚强。"

肖:"嗯,你很坚强,我们都和你在一起,你也和你自己在一起好吗?我心里会一直有你。谢谢你。"

案:"谢谢你。"

肖(对邻座学员):"抱抱她,她很冷。"

肖(对案主):"你的父母在你的身体里。"

肖(对所有人):"把她扶到床上来。"

肖(对案主):"你愿意吗?"

案:"我害怕。"

肖:"你愿意吗?"

案主瘫倒了,浑身无力,学员们把案主抬到治疗床上。她的骶骨像干枯的木板,摸上去感觉很空洞。

肖(对所有人):"大家都离开这里。"

肖(对案主):"你感觉一种能量在你的身体流动,那是父母给你的力量,这种力量是你的生命力(肖老师用手按住案主腹部丹田位置)。父母就在你身边,无论他们走到哪里,都在陪伴着你,他们一直在看着你，告诉你一定要活下去。喊出来：'妈妈！'她就在你心里，轻轻地喊出来，你从来没有喊过，它是多么大的一个渴望，你还没有学会喊妈妈，妈妈还没有教会你喊妈妈。'妈妈！'哭出来，哭出来。虽然你喊得不好，但是妈妈能听到。'妈妈爸爸，感谢你。'喊。"

案："哎呀！"

肖："你现在什么感觉，你现在还害怕吗？因为你在妈妈怀抱里（助教抱案主）。你正躺在妈妈怀抱，很舒服，你感觉你的后背有股暖流，你身体中有股能量，你想说什么？"

案主默不作声。

肖（对所有人）："来一个男老师，来一个身体强壮的，把手放在她头上。"

肖（对案主）："有一股阳光照在你身上，你正躺在妈妈怀里。爸爸把手放在你的头上，告诉你：'孩子，我在保护你。'你感受到手的温暖。爸爸是爱你的，爸爸的心从来没有离开。告诉妈妈：'我累了，我扛不住了，我想睡一会儿。我想休息一会儿。我希望爸爸妈妈守着我让我睡一会儿。'"

案主在柔和的音乐中，躺在助教的怀里睡着了。

肖："妈妈就在你身边抱着你，你可以休息一会儿。"

肖（对所有人）："她睡着了，从来没有这样睡过。她在惊恐当中活到了现在，在寒冷当中活到了现在，我们在心里默默祝福她。"

肖（对案主）："爸爸妈妈回来了，睁开眼看看你的爸爸妈妈。告诉他们：'我很温暖，我学会了微笑，学会了走路。来到这个世界上，经历了很多。没有爸爸妈妈的保护，我很害怕。我现在终于找回来了。爸爸妈妈，我把你们放在心里，从此我不再害怕了。'告诉爸爸妈妈：'我爱你们。我可以享受这一刻，我本就属于你们。你们给予了我生命，我把生命传承了下来。'也感谢你自己把生命传承了下来。"

肖（对所有人）："谢谢你们。现在'妈妈'拉着她的手站起来。"

肖（对案主）："你有力量站起来，站起来，跟爸爸妈妈一起走，你自己可以走，走出第一步。"

所有学员一起鼓掌。

肖（对所有人）："我们看到一个生命的顽强，无论这粒种子在多么贫瘠的土地上，它都会生根发芽。因为他是一个顽强的生命，我们要尊重我们的生命，我们也要尊重每一个生命。大家看到了什么，当一个人生命力降低的时候，她还是用自己的顽强撑到了现在。刚才她用自己的顽强走出了自己人生新的一步。"

肖（对案主）："所以我也谢谢你，你也谢谢你自己，你可以告诉自己，你得到了生命。"

案："是的，爸爸妈妈虽然离开了我，但是他们给了我生命。"

肖："闭上眼睛，对父母讲：'谢谢你们，给了我生命，谢谢你们给了我一切，我感激你们。'"

案："我非常感谢你们，我有生命就足够了。"

肖："'我会把生命传承下去，一代一代传承下去，我有力量。'"

案："而且我也有能力。"

案："我真的很爱大家，我很爱每个人，因为我渴望得到爱。"

肖（对所有人）："我们用十分钟回顾以上发生的一切。我们感谢我们自己，因为我们有了独特的生命。给自己一些赞赏，给自己一些爱，从这一刻开始我们真正地爱自己。我们站起来，看看周围的人，说：'我爱你。'"

肖："这些事情对我们每个人都有一些影响。也许我们会感觉到身体这里或那里不舒服，也许会感觉到身体有些疼痛，也许会感觉到我们从来没有的感觉。在中午的时候有人问我，当我感觉不舒服的时候是不是可以出去走走。我听到这句话，感觉到他内心的一种紧张，这种紧张可能让他感觉更不舒服。我们每个人感觉不舒服的时候就想逃离。当情绪出来的时候，是有一些能量的冲击，这是疗愈的作用。就像我们中国人讲阴阳，每一个情绪都有他正向和负向的力量。当我们感到一种情绪在冲击身体的时候，我们的身体会感受到我们想不到的不舒服，然而能量是互相转化的，就像阴阳互相转化一样。当一种能量冲击你的时候，你会产生一种对抗，这会加剧你身体的不舒服，但是这个不舒服对大家有疗愈作用。

我教大家一个办法。你感觉不舒服的时候想象自己的身体变得更加柔软，就像一个透明的身体，你可以允许所有的东西在你身体当中穿过，去接纳它，这个能量对你是有疗愈作用的。当你产生一个对抗情绪的时候，就产生了一个结，它会冲击你身体当中的某个部位，当然那个不舒服正是你要解决的问题。如果你守在那里，你就有了一个解决问题的机会。

我们处理了两个个案，有很多人会有疑惑：为什么会有这样的事情发生，都发生了什么，有没有人有问题，有什么样的困惑？我们分享一下处理个案当中发生了什么。当我们的身体有一些疾病，产生了一些感觉，比如说疼痛，就像刚才的腹部疼痛，我告诉她，你有一个冲击的情绪，就在那里对抗，于是它停滞在那里，形成板结，就凝聚在那里，形成想不到的东西，就像物质一样。当我们解决这个能量冲击的时候，你让这个能量流动起来，就是一个转化。你可以跟大家分享。"

学："我昨天后背腰部位置紧，好像比平时重了几十斤，一直往下坠，跟老师回家到半路就想去厕所，我就蹲了半天。然后回到家里特别烦闷，心口燥得慌，就像有个小兔子要蹦出来，我要放它出来。然后我就跟我老公说话，我说你跟我在一起快乐吗？他说不知道，我一下子火气就上来了。我知道这是他一贯的应对方式，我也知道这也是我自己的一种毛病。今天早上这个过程，我借着大家给的力量，以及肖老师的力量，把我自己身上的包袱扔了下来。回到座位时我浑身没有力气，我的心是软的，但是我的身体是硬的。我的手臂是硬的，他们帮我揉开了以后，我身心都软了下来。我从没有那么清晰。现在看大家，我可以把大家的眼睛、眉毛看得很清楚，以前我看不清楚，现在觉得这个世界真的很清晰。中午吃饭都很香。现在的感觉是我很轻松，刚才肖老师问我感受的时候，我发现我积攒了很多能量没有释放出来，我现在感觉我精神很好。这种精神是我一直想找回来的。我腰不那么紧了。以前这里是一块板，它是不能活动的。"

肖："因为你不再固着于它，不再和它对抗，你接纳了它，所以这个能量重新开始流动。大家发现她的神奇了吗？这神奇在于她自己，而不在于我们。"

案："我的感受是我觉得自己很柔情，以前我可能长得很柔情，但是我这个人不柔情，我从来不会接受别人的爱，我害怕。今天舒展很多了，我爱大家。对于爱，我之前是很吝啬的，我从来不对别人说，但是我会做，我会做很多去爱别人的事情。我很难将爱说出来，而且拒绝别人的爱，比如说异性的爱，我不接受，但今天我感觉自己特别柔情。我有一种感觉，说不清楚。"

肖："你有能力爱了。我相信你这个爱会越来越大。谢谢你。"

3.4.4 妈妈，我不必优秀

在课程体验过程中，有位学员内心被触动了，情绪压抑不住了，表情很难受，肖老师发现了她，向她走去，握着她的手，关注她的感受。

肖："发生了什么？你能告诉我吗？你的身体告诉你什么？躺到这里来，让身体完全放松下来（给案主检查身体，按摩）。这里积压的情绪就是委屈（按身体背部图6区域的位置），有伤心，你得把她讲出来，释放出来，这样你才能好。好，慢慢地放松下来。"

个案颈椎笔直，没有生理弯曲。

案（哭了一阵后）："我挨妈妈打，她跟我说：'你怎么不去死？'"

肖："好，对妈妈讲，把你的愤怒喊出来。"

案："他们不喜欢女孩子，我就做给他们看看，我是最优秀的。"

肖:"跟我喊:'妈妈我最优秀,妈妈我不要你了,给我都不要了。'"

案:"不行,我觉得妈妈很好。"

肖:"发现了吗?妈妈不爱我,但我还是爱着妈妈,我要做到完美让妈妈爱我。妈妈再回头对我好的时候,我不需要妈妈对我好了。你现在做一件事情,随着我的手回到过去,回到你很小的时候,你看着这个孩子,你看她在做些什么?用一句话把它喊出来:'妈妈我好害怕。'"

案:"我害怕。"

肖:"对妈妈说:'妈妈抱抱我,不要再打我了,我没有错,妈妈抱抱我,我已经很优秀了,我把一切都做好了。'"

案:"我已经做得很好了。"

肖:"呼吸,快速地呼吸,对,呼吸,把很多东西吐出来。胸闷吗?(肖然老师按案主的心包经。)很闷是吗?快速地呼吸。"

案:"痛。"

肖:"我好痛,求求妈妈,心痛吗?哭出来,不问为什么,深深地呼吸,告诉妈妈:'我是你的孩子,我不是男孩子,但我很可爱。'(肖然老师按案主脖颈膀胱经区域。)你走到那个孩子面前,拉着她的手,你告诉她:'你不要再害怕,我会保护你。'(肖然老师按案主肾俞区域。)她在跟你说什么?(肖然老师按案主心俞区域。）她蜷缩在一起是吗？（肖然老师按案主肾俞区域。）"

案："很多人关心我。"

肖："你跟很多人说：'妈妈是爱我的。'今天你为自己哭一场，放声哭出来。"

案："从记事开始她没抱过我一次，没摸过我一次手。"

肖："现在妈妈在拉着你的手（助教拉案主左手），爸爸也在拉着你的手（另一助教拉案主右手）。你想跟他们说什么？（肖然老师左手按案主肾俞区域，右手按案主背部。）"

肖："'我需要你们，我需要你们爱我。我可以不优秀，我已经很优秀了。'（按案主肾俞、心俞、颈部。）现在你的颈椎不再硬了。（持续按案主肾俞。）你现在可以哭，像孩子一样，你可以在妈妈的怀抱里哭，我知道你是很委屈的，妈妈错了，你能原谅她吗？你愿意吗？"

肖："哭出来，你的眼泪是具有疗愈作用的。"

肖（对案主）："你可以不优秀。无论怎么样，你都是可爱的。"

案主一直在哭泣。

肖（对所有人）："刚才我们看了一个生命，看了它的成长过程。在我们的内心有很多的震荡，每一个生命都是那么美，然而每一段经历都是那么艰难、痛苦，但是这个经历让她变得那么优秀。这整个过程，我们得到一次梳理。一个疗愈的过程就是梳理的过程。现在留一点时间，大家分享这个个案，有没有人想说自己的想法？"

学："我想分享一下我个人的感受。因为经历有雷同之处，这个个案对我有所触动，我有同一类问题：不认同自己，觉得父母是不认同自己的，觉得自己的存在是没有意义的。我有一个弟弟，他在我两岁多的时候出生，于是我被送出去寄养，被抛弃了。刚才个案被打，还有被扔掉的感觉，我也有过，我当时的感觉就是我没必要在这儿。"

肖："你让你的眼泪流出来，你可以流出来。"

案："其实这个事情以前也处理过，但这就好像没完没了似的。"

肖："因为我们的身体有记忆。"

案："人说三岁前没记忆，我两岁多的时候就有印象，所以很小的时候，尽管时间不长，当我弟弟大一点后，我才回到了父母身边。我总觉得是我不好，爸妈才不要我的，我不知道怎样算好，我所理解的好就是尽量好，一直做的事情就是让自己好，好得让周围所有的人说我是这么乖的孩子、这么懂事的孩子。只有我好才能不被父母抛弃。我大概三岁多的时候回到父母身边，这是第一次被寄养。"

肖："呼吸，把它吐出来，如果有眼泪就流出来。"

案："这个情节已经反复好几次了。第一次我就惊天动地地哭，我还不知道它存在，这个记忆第一次被挑起来的时候，就很强烈。持续好几年，我觉得这个点就好像过不去一样。现在轻多了，我能够感觉到，但是每次当我再努把力，再做得好一点的时候，我就气喘不上来，那种深层的恐惧，那种对存在的恐惧一直存在。刚才这个过程是完美的，我以前的状态也是极尽完美，所以自己就要求自己，苛责自己，也苛责周围的人，经常很受伤。现在很多东西松动了。可是这几个月以来又开始了，觉得整个背又开始紧了，从上到下开始紧了。"

肖："是的，我们的情绪就像一个物质一样，它会储存在我们的身体当中。我们的身体是智慧的，它会记载着我们的一切，记载着我们经历的一切。它就储存在那里，时常出来影响我们。因为你没有真正地碰触它，当你真正碰触它的时候，它的能量才能流动起来。如果我们只是在这里（头脑）处理它，我们的能量还是卡在身体当中，我们无法跟它做一次深层沟通，没有做到接纳。"

肖（对案主）："好，你愿意跟大家说什么吗？"

案："我想谢谢老师，谢谢各位同学，虽然我现在比较累，但是我的颈椎、双肩、后背不那么硬了。"

肖："你再摸摸你的颈椎，有弯度了。"

案："不那么硬了。"

肖："因为你告诉自己，我可以不那么完美了。是吗？"

案："是。"

肖："因为妈妈已经接受你了。"

案："谢谢，我觉得很轻松。"

肖："谢谢你，你也谢谢你自己。"

案："这些年来，我在没人的时候，在内心深处，我就觉得我特累，特累。我特别希望一双手、一个肩膀、一个男朋友能给我力量，我总觉得我得不到。"

肖："因为你不允许自己得到。是吗？"

案："是，我总在乎别人怎么看我，我总把我最好的一面展示给别人，特别愿意去帮助别人，这种帮助不是为了实现我的完美，有的时候是从内心深处想帮助别人，帮助别人我就会感到很幸福。"

肖："因为你帮助别人的时候你就得到了那个爱。"

案："对，我需要别人的认可，别人一举手、一投足、一个眼神我都会记在心里。我总是把笑脸留给别人。"

肖："你现在跟自己说：'我的存在是值得的，这个世界因为我的存在而美丽。'"

案："很多人因为我而变得更美好。"

肖："你再告诉你自己：'谢谢妈妈，你在用另一种方式来爱我。'"

案："谢谢妈妈，你用你的方式精彩了我的人生、丰富了我的人生，使我变得很优秀。"

肖："'我爱你，我知道你是接受我的。'"

案："我知道你的心里有我。"

肖："好，谢谢你。"

3.4.5　我长大了

案："我现在很紧张，我的情绪有十几年了。"

肖："你的情绪，现在就在你的眼睛里，就在你的眼泪里。你觉得你是害怕，还是其他情绪？"

案："我就是觉得我很难过。"

肖："我觉得你现在整个被你的情绪笼罩了。你能说说你这么多年是怎么过来的吗？不要压抑自己，如果你想哭，就哭出来。你这么多年就是这样压抑自己的吗？想哭的时候就是这样压回去的吗？你能不能不再这样压抑它，让我看看里面有什么？你能告诉我现在你有什么感觉吗？"

案："我感觉到恐惧。"

肖："你是不是感觉这个地方让你感觉不安全？你觉得发生的事情你无法讲出来，是吗？好，现在，你看着我，就把我当成你父亲，在心里讲出来，不要用嘴讲出来，看着我，你想说什么？哭出来。（学员开始哭泣。）好，你现在想象你父亲就在你面前，用所有的力量喊出来：'我恨你！'（学员紧攥着话筒，不断地摇头，泪如雨下。）看来，这个力量把你折磨到现在。好，你趴到按摩床上。"

肖（对所有人）："大家看一下她的体形，她的胃上部对应的部位是高出来的，她的脊柱是侧弯的，所以她的内心是极其扭曲的，这导致了她身体的扭曲，所以她内心的这种情绪，就像炸药包一样，随时会毁灭自己。她现在正在毁灭自己。她的身体已经到这种程度了。"

肖（对案主）："你现在可以想象你的父亲就在你面前，你用力量把他喊出来，像倒垃圾一样，把它倒出来。用力，用所有的力量。"

肖老师开始用手肘推压她高出的部位。

案（大哭）："痛！我痛啊！"

肖："你已经压抑了这么多年，你从来不敢把它讲出来。你可以喊妈妈。"

案（大哭）："痛！我痛啊！"

肖:"用全身的力量,喊出来!毫无保留地喊出来!喊出来:'爸爸,我恨你!'如果喊不出来,就喊:'爸爸,我爱你。'"

案:"痛啊!我喊不出来啊!我恨你啊!爸爸!"

肖:"爸爸就在你面前,他给了你很大的伤害。用力喊!"

案(用力咳嗽):"我恨!我恨死他了呀!我恨死他了呀!我没有妈妈啊!我想死我妈妈了呀!我不知道啊!"

肖:"你想象你的妈妈,你还记得小时候在妈妈怀里的感觉吗?"

案:"我没有记忆啊!我没有概念啊!我想啊!"

肖(对学员):"有谁愿意当她的妈妈?"

有学员上来,握着案主的手,安慰案主。

肖(对案主):"如果你妈妈就在你面前,你会说什么呢?"

案:"你从没有爱过我啊!你从来不会爱我!你从没给我做过一顿饭!你没给我买过一件衣服!我想啊!我没有一点开心!我恨死你啊!我都快死啦!"

肖:"讲出来,把对爸爸妈妈的抱怨讲出来。"

案:"我恨死你们啦!我要死啦!我委屈死啦!"

肖:"你妈妈从来没有抱过你,对吗?你现在想让你妈妈抱抱你吗?你很害怕,你害怕妈妈再离开,是吗?不敢再让妈妈爱你了,是吗?你告诉你妈妈:'我害怕!'"

案:"这么多年,我都没有这么哭过了。"

肖:"现在,你好好地呼吸几次,把这么多年的怨气都吐出来。(学员深呼吸了一会儿。)非常好,现在,你妈妈就在你面前,你现在长大了,深呼吸一下,让氧气进入你身体的每一个部分,然后告诉你自己'我长大了'。大声地说:'我长大了。'然后看着你妈妈。哭出来,要哭得有力量。"

案:"我长大了。我不再怕你了。我要好好地照顾自己。我再也不需要你们了,我要好好地照顾我自己呀!我要靠我自己活啊!我就是不需要你们!"

肖:"当一个孩子对父母说,我再也不需要你们的时候,其实她非常需要。因为她不敢要,因为她要不到,所以她会说,我再也不需要你们了。说,大声说:'我不要!'用力喊出来,用力地打床,用力!"

案:"我不要啊!我不要你们啊!我害怕啊!我害怕你们不要我啊!我想死啦!其实我也很想要!我就是害怕你们不再要我啊!我恨你们,就是怕你们不要我,我恨你们啊!如果你们不要我,我咋办啊!"

肖:"你妈妈在流泪,无论妈妈如何,你永远是妈妈的女儿,在你妈妈心中你永远是她的女儿。好,现在你抱抱你的妈妈。"

陪伴的学员开始和案主拥抱,并且以妈妈的角色安慰案主。

肖（对所有人）："我们大家可以一起抱抱她，抱抱她们，给她们力量。我们大家告诉她，她现在是安全的。"

很多学员上来一起抱着案主。

肖（对案主）："当一个孩子向妈妈要爱而得不到的时候，她会说'我不要了'，但她内心当中，是渴望爱的，对爱的渴望是非常强烈的。深深地呼吸，把过去的吐出来，把现在的爱吸入你身体的每一个地方，让这些爱支持你以后的生命，告诉自己：'我是坚强的，我的生命是非常坚强的。我有顽强的生命力，我走过来了，我顽强地走过来了。'对你爸爸妈妈讲：'谢谢，谢谢你们，给了我这样的一份经历，让我学会了很多东西，也让我学会了更懂得珍惜以后的生活，更懂得爱惜我自己。'"

肖（对案主）："告诉你妈妈：'我爱你。'告诉你爸爸：'我爱你。'好，现在你拉上你'爸爸妈妈'的手，到每一个学员的面前，告诉他们：'我有爸爸妈妈了，我不害怕了。'"

学员拉着另两位扮演父母角色的学员，走到每一个人的面前，告诉他们"我有爸爸妈妈了，我不害怕了"。

肖："好，你现在深深地呼一口气。然后告诉我，什么感觉。"

案："我不害怕了！"

肖："谢谢大家，谢谢每一个人，我们每一个人都给了她一份爱，现在我们看看她，她的脸色已经变了，已经不再黑了。其实她后背那块高的地方已经没有了。我可以告诉你,你已经变得健康了。"

3.4.6　处理个案的个人分享

上述个案文字是在工作坊现场记录的,这个章节的内容所涉及的个案都隐去了姓名,刊登时也征得了案主本人的同意。我之所以把它们摘进书籍中,并不是想说明我做了什么,做得有多杰出,只是想表述无论是病人还是来做心理咨询的来访者,如果他们自身没有动力去寻求改变,我是无能为力的。其实反过来,我要感谢陪我一路走来的朋友们,让我有了丰富的临床积累。也正是他们敢于面对疾病,面对痛苦的勇气,让我有机会看到各种不同的人生经历、各种不同的人生感悟,让我了解什么是真正的生命之美。

再来讲述我的治疗工作,通常治疗工作有五个层面。

现实层面。我们在现实层面做很多的工作,包括改变人的认知,增强人的适应能力,调整人的沟通能力,我们做了很多很多的工作。我们在这里也发生了很多的事情。因为沟通能力不够、亲密关系不好、亲子关系出问题等,在现实当中我们感觉痛苦、失望、纠结、困惑。现代心理学一直在这里做很多工作,包括行为疗法、认知疗法。

人生经历层面。弗洛伊德认为人生经历影响着现实层面,于是我们就去梳理我们的人生经历。后来发现，人们在梳理了人生经历后还有一些事情没有得到解决。

身体层面。当我们进入身体层面的时候，我们会发现我们的身体承载着一些信息。这些信息包括什么呢？当然有经历的部分，有现实生活中产生的创伤，但我发现在这些问题得到解决之后，还有一些事情没有得到解决。

家庭系统层面。我们承载了父母的和我们家族系统的一些能量，它在我们身体当中被反映出来。当继续深入探究的时候，我们会发现还有一些信息在影响着我们。

内在灵性层面。这个层面的能量也可以透过我们的身体表现出来。我们从身体发现很多的秘密，它承载着这么多的信息，包括我们人类集体的信息，都能从我们的身体中反映出来。只解决现实层面的问题是远远不够的，要将身体治疗和心理治疗结合起来。

我在做治疗的时候，大家会有些困惑，不知道我在做什么。虽然大家看到的只是一个过程，但是我在内在灵性层面也做了一些工作，它会影响现实层面的事情。一个人来到这个世界上，他有几种需要，最基础的需要是什么？首先是生理需要。第二种需要是安全和归属的需要，如果一个孩子来到这个世界上失去了父母，他便失去了最基础的需要——安全感，他的生命能量就会降低，所以他站不起来，因为没有系统在支撑着他。每一个人都有他的系统，无论他的父母存在还是不存在，哪怕生下来父母就没有了，他也有他的系统，家族系统是存在的。只是在那里出现了能量阻塞，失去了联结。我们所做的只是让那个能量重新联结起来。他得到了家族系统的支持，他才有能量站起来，他才有能量再去爱别人，他才敢讲"我爱你"。

如果一位医生，或者从事健康工作的人，不系统地去看待一个人，不充分地尊重一个生命，就不能和他的案主建立一种关系，什么样的关系呢？改变的关系，而不是治疗的关系。我们要尊重每一个生命。一个治疗师，你做了一点点，只是一点点，而真正的改变是他自己。真正改变的力量源于他自己，来源于他的生命能量，我们所做的只是让这些能量重新流动起来。

一种小小的情绪，可以影响我们一辈子，我们不放过它，我们不接受它，它就卡在那里，形成一种阻碍，阻碍我们的生命，阻碍我们的人生，影响我们的健康。当我们看到这一点的时候，我们就看到了一条小溪当中横亘的一个石条。我们只轻轻地拨开它，水还是那么清澈，能量还是那么流动，爱依然存在。

我们追求的是一种柔软，不但让身体柔软，也让我们的内在柔软。当一个人打过来一拳的时候，我们迎面冲上去，就会受伤。中国的太极就说："曲则圆，徐则缓。"他就曲折地绕过去。所以你理解了柔软，你就理解了一切，这就是柔软的智慧。当我们看到一个人情绪的时候，他冲你指责，指责的背后是柔软的。我们去看到他的柔软，怎么看呢？看他的背后，指责的背后需要的是什么？是爱。其实，我们做咨询也是一样，做治疗也是如此。没有必要和别人对抗，我们只需要看到他背后的部分，在适当的时候给予一份支持的力量就足够了。

4

从身心全息的角度解析常见问题和病例

4.1 抑郁症

抑郁症是以抑郁情绪为主要特征的心境障碍，其临床表现为：一是患者情感低落，表现为心境低落，郁郁寡欢，可有昼重夜轻的特点（白天低落水平较高，晚上好转一些），对一切漠然置之，不为周围刺激所动，凡事都没有兴趣。常自责自罪，自怨自艾，感觉自己无力改变现状，对前途悲观失望，感到活着没有意义，容易产生自杀念头甚至自杀行为；二是思维缓慢，反应迟钝，联想困难，语言减少且声音低沉，注意力集中困难，记忆力减退；三是精神运动性迟缓，精力减退，常感觉浑身乏力，力不从心，无法胜任日常生活和工作，整日无精打采，活动明显减少，后逐渐发展到不去工作、学习，逃避与其他人交往，衣着随便，不事梳洗（但不是疏懒，而是确实感到没有精力），动作少而缓慢，很少有自发性动作甚至连自己的日常起居都不能自理，严重时不语、不食、不动，表现为抑郁性木僵；四是有躯体症状，失眠早醒，食欲减退，体重减轻，便秘干结，性欲减退。

抑郁症仅仅通过面谈是很难痊愈的，因为抑郁症是由身心能量降低而引起的，它和我们的身体能量有着直接的关系。大部分抑郁症患者会肾虚。肾在中医当中是生命之根，是创造生命的地方。我们来到这个世界上，最大的价值是传承，它让我们的生命延续下去。当我们的这一能量降低时，生命力也会随之降低；当我们的生命能量没有了，也就失去了生命价值。那么体现人生命力的身体部位在哪里？我们都知道"出生入死"这个成语，身体上有个穴位叫"命门"。命门是肾之阳，肾精精化而成。我在多年的临床研究中发现，几乎所有抑郁症患者，其命门所在的腰部区域都是板结的、经络不通的。当身体这个区域堵塞时，会产生一种情绪：莫名其妙地想死。从身体能量的角度来看，这是有据

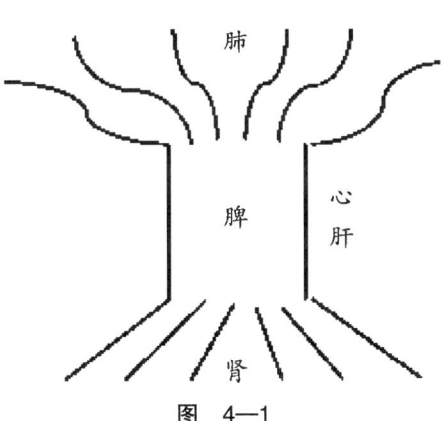

图 4—1

可寻的。

我们来做一个比喻。当土地板结之后我们怎么让它松软下来？如果不浇水，只是不停地翻动它，就会形成燥气，成为燥土。这往往会侵蚀土地的内在养分，造成伤害。如果这时候下一场雨，就会让燥气沉静下来。身体也是如此。抑郁症患者往往阳气不足，要恢复阳气，就要补充他的肾精。肾之阳对应的就是肾之阴，阴阳互补。肾经从涌泉穴开始，沿腿部前侧到达腿根部，附着在耻骨上。肾经上行与太冲脉相汇合。黄帝内经讲："女子二七太冲脉盛，月事下，故有子。"女子的太冲脉从卵巢开始上行，落属于乳房，在气街部与肾经相异，挟脐上行散布于胸中及乳房，所以当女人抑郁的时候，特别是女人对男人不满的时候，她的情绪大部分会聚结在乳房、子宫、卵巢里，形成乳腺增生、卵巢囊肿、子宫肌瘤、子宫息肉、内膜异位等妇科病症。耻骨的旁边还有一趟肝经。肝经是从哪里过来的呢？从大脚趾内侧沿大腿内侧上行，包绕我们的生殖器。肝经和肾经在生殖器处汇集，包绕生殖器。男人的生殖器又叫筋霸，中医叫宗筋，主滑利。肝属木，肾属水，木由水生，水生木，肝肾经络

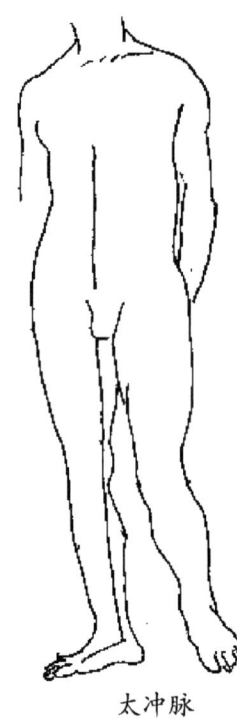

图 4—2 太冲脉

相汇。我们的生命来源于哪里？男人精子来源于睾丸，女人卵子来源于卵巢，生命即起源于这里，出生入死——生门既是死门，我称这里（耻骨、生殖器处）为人体的生命之根。

如果把人比喻成一朵花、一棵树，这里（生殖器周围肝肾经相交处）就是花根、树根。当一个人抑郁时，身体免疫力就会下降，还会产生"我没有能力活下去"的念头，因为根不行了。腹股沟、生殖器这里还有血管、神经、淋巴、筋、韧带。西医讲解剖还原，中医讲整体观念，但西医也有整体观念，比如，西医认为一个系统是互相联系的，它是一个整体，如免疫系统、淋巴系统，这些系统就存在着整体的观念。淋巴既是免疫系统的一部分，还是循环系统的一部分。腹股沟及生殖器这些部位经络特别丰富，肝经、脾经、肾经、任脉、冲脉都在这里汇集。之所以说这里是根，就是这个道理。得抑郁症的人，这里不通，前面萎缩，后面板结，根干枯了，生命失去了活力。我们都知道精力，力是肾的神，精是心的神，精力是心肾相交产生的力量。它从哪里来？睡眠。睡觉睡好了，我们才有精力。

抑郁症最明显的症状是失眠，因为他的精不能上升到他的心，他就产生失眠症状。心是"君主之官，神明出焉"。当我们的心肾不交，精力不济时，我们的神明就散乱了，神志也不清了。抑郁症患者不用大脑去思考，是自暴自弃，觉得自己没有办法、没有能力、没有精神活下去了。他会觉得活着比死了难受，于是选择毁灭。他的问题是没有能力活下去。

给抑郁症患者治疗，首先要提高他的生命能量，让他有能力活下去。我们去跟一个抑郁症患者说："你要活下去，生命多美好。"他往往听不进去，这从心理咨询的角度来讲就是完全没有与对方产生共情。从他的角度看来："我的世界很黑暗，人生很痛苦，我向往的是那个死亡的世界。"他们不是不想活下去，而是缺少活下去的能力和勇气。治疗这样的病人，首先要让他有能力活下去，我认为这是治疗抑郁症的第一步。

我们首先要解决他的物质基础——身体，再解决精神基础——内在，让他找到活下去的理由，抑郁症才能真正得到治疗。如果一个人早上睁不开眼睛，没有办法工作学习，那么就应该梳理生殖器周围肝肾经相交处，打开巨阳，同时疏通腰部命门区域板结的部位，以此让他内心产生力量。很多病人跟我讲，肖大夫你把我的身体治好了，我的性格也改变了，原来我很消极，现在我很积极。

针对抑郁症病人，身体治疗是一方面，另一方面还要让他所处的环境及他的内在有所改变。系统地看待一个人，是治病的基础。社会环境、人际关系的改变，会让患者的内在达到一种新的平衡，此时我们再给到身体能量的调整，才能让他原来整个人生经历得到完整的梳理。仅仅从身体或心理方面来改变一个人的一生是无法做到的，必须两者结合。身体和心理之间由生活环境、经历连接。这个经历影响着内在环境，影响着身体的物质基础。心理的人格情绪来源于环境、经历，身体也来源于环境和经历。我一直强调，我们来到这个世界的时候，身体是柔软的，十二经络是通畅的。身体这里那里出现的问题，是由经历所造成的。这个经历造成我们内在情绪的不稳定，以及人格、性格的一些缺陷，让我们产生各种各样的内在冲突，进而影响了身体的能量。

疏导身体是消除危险的第一步。经过我治疗的抑郁症病人，大部分疏导后很快睡眠就有了改善，自杀的念头也消失了。第二步是疏导内在，疏导心理，改变认知。疏导身体，睡眠状况改变后他就能睡觉了。改变认知，让他知道自己是个有用的人，产生自我价值感。当一个人觉得自己生存是有价值的时候，就有了生存下来的愿望，他就能从抑郁当中走出来。这就是抑郁症的整体治疗。

4.2 类风湿

类风湿，是全身性的结缔组织变性、挛缩、变形，以及各个关节肿胀。类风湿的成因就是寒气、风邪进入了骨髓。

类风湿疾病并非不能治愈，但很难治愈，它的疗程非常长。我曾治疗过一个类风湿患者，在治疗的几个月中，患者的身体反应非常大，出现了各种身体症状。第一个症状，就是原来疼痛的关节，重新疼痛了一遍，然后从臀部开始，一点点疼痛到膝盖，最后到脚。最后几天，脚痛得都肿胀了起来，肿得很高。接下来，脚不再痛了，全身开始起红疹，耳朵和口腔中也有，胸闷，吐痰。根据我的经验分析，肠道中肯定也有红疹，因为患者还出现了腹泻症状。最严重的那天，患者感觉喘不过气来，吐出了约300ml的黏痰。最后一次治疗后，患者完全恢复健康，包括身体和心理，体重减轻了20斤，浮肿的部分都消失了，关节肿胀消失，全身内外的红疹全部消失，身体恢复到了年轻时的状态，风湿毒完全被排出。类风湿疾病是能够治愈的，但身体所要经受的变化非常大。

俗话说，一个人如果得场大病，不死也要脱层皮。在治疗一种很严重的疾病时，如果没有足够的经验，出现各类反应的时候会非常危险。

类风湿性疾病，以女性居多，男性也有。患病原因在于，当一个人出汗后，汗完全出透，又急剧着凉。当一个人剧烈运动、劳动而大量出汗的时候，人的肌肉就完全疏松开了，骨骼、关节也全部舒张开了。如果这个时候有寒气进入，就直接进入了身体最深层。由于肾主骨，所以类风湿最初的症状是骶髂关节紧张。女性的类风湿疾病，大部分都是来月经或者坐月子的时候染上的。

我曾治疗过一个二十一岁的女孩子，她在油田工作，她从青春期开始就只有过一次月经。她十七岁参加工作，夏天在油田野外工作。工作结束后，无洗浴条件，就直接在野外用冷的井水从头浇到脚来洗澡，第一次来月经的时候，也是这样洗的。结果，至她来我工作室做治疗前的这几年时间再没来过月经，还患上了类风湿疾病，全身关节疼痛，同时脚严重干裂。由于患者年轻，身体素质原来比较好，所以治愈比较快，疗效也很好。经过四十余天的治疗，患者月经恢复正常，双脚干裂程度得到很好的缓解，类风湿疾患得到控制。后随访，此人已结婚生子，工作生活恢复正常。

下面我们再说说女性分娩要注意的问题。女性在妊娠期，盆腔、下腹部组织充血，各种结构相对松弛，后纵韧带松弛；分娩时，胎儿通过产道，构成骨盆的关节、韧带、纤维软骨都要相应变松弛，也就是我们俗称的"开骨缝"；产褥期，即"坐月子"的目的就是让松弛的韧带、软骨和打开的关节慢慢恢复原来的形态。所以，坐月子非常重要。如果在月子期间，女性洗澡或者吹风了，那寒气风邪就会直接进入骨髓，造成疾病。如果要治疗此类的类风湿疾病，就要从人出生的部位开始治疗。

谈到风湿性心脏病，心脏不受邪是相对的，一旦受邪，就很难治愈了，所以传统医学上我很少听说过风湿性心脏病是可以治愈的。说实话，我治过几例，但没有治好过。其实，大部分风湿性疾病都和长期感冒有关系，而风湿性心脏病是外邪侵入到了心脏里面去。

我曾经治疗的一个患者，比我大一岁（当时我二十三岁，他二十四岁），在农村的集贸市场上卖布料，天天骑着三轮车来回奔波在各集贸市场，特别劳累，感冒了也不吃药，有时出了汗还遭雨淋，慢慢地，外邪侵入到了腠理，又侵入到了骨髓，从而患上了风湿性心脏病。当时这个病人在我接手治疗时已经房颤心衰了。治疗到后期，在一次治疗中，我按揉了他了的左侧后背处，他开始排出粘臭的凉汗。这种情况持续了大约两周后，他的心律几乎恢复了正常。

在治疗过程中，当他每天在我这里治疗的时候，病情一天一天好转，但只要回一次家，病情马上就会加重。我那时年轻也没有太多经验，没有和他的家人做好沟通。结果是他家人对我的治疗理论和效果存有质疑，跟我展开拉锯战，导致这个患者的治疗时断时续。慢慢地我对这个患者失去了信心，劝其中断治疗。三年后，他来看过我一次，说我延长了他三年的寿命。他回家后不久就去世了。对此我内疚了很久。

每一个医生，在他从医成长的过程中，会积累很多的经验和教训，有的甚至是痛心的教训。疾病有时并不可怕，可怕的是患者对待疾病采取的态度，保持什么心态，以及家人如何配合的。有时甚至周围环境都会影响到疾病的疗效。如果我们每个人在日常生活中时刻注重自己的身体健康状况，保持良好的心态，很多疾病是可以避免的。

4.3 腰椎间盘突出症

近些年来，腰椎间盘突出症和颈椎病的发病率与日俱增，腰颈椎病已成为大众病。现代医学对腰颈椎病采取很多种治疗方案，如理疗、牵引、药物、手术等，针对不同的症状采取不同的措施，但治疗效果并不理想。于是社会上流行着一句话："病人腰疼，医生头疼。"

腰椎间盘突出症是指腰椎间盘纤维环破裂和髓核组织的突出，压迫和刺激相应水平的一侧或两侧脊神经根或马尾所引起的一系列症状和体征。突出的椎间盘压迫脊神经或马尾神经的程度不同可引起腰腿痛或大小便失禁，甚至引起瘫痪。此症最基本的病因是腰椎间盘的退行性改变。

那么引起腰椎间盘的退行性改变的原因是什么呢？为什么腰椎间盘突出症的发病率越来越高呢？

从人体自身生长规律来说，在三十岁以后，椎间盘开始发生退行性改变，纤维环和髓核含水量减少，使椎间盘张力下降，脆性增加，椎间盘变薄。随后椎间隙变窄、周围韧带松弛和节段性失稳，更易发生纤维环破裂和髓核突出。

而近年来随着人们生活水平的提高，几乎每个家庭和工作场所都安装了空调。夏主疏散，在夏日人们的毛孔是舒张打开的，而进入寒冷的空调间，毛孔骤然收缩，寒气也随之进入身体，客居体内。这种生活环境大大增加了人们受寒的机会。

寒主凝血、聚结，它能使我们的组织聚结。当寒气客居于椎体及周围组织时，会引起椎体韧带、神经、软组织、肌肉聚结，血液供应减少，影响椎体循环，促使黄韧带增厚和椎体间隙软组织的挛缩。黄韧带增厚导致韧带弹性下降，椎体间的牵拉力增加，促使椎间隙变窄；椎间隙组织的增生也导致椎体间间隙变窄。当达到一定程度时，椎间盘上的髓环就会受压，压迫导致椎间环缺血缺氧，髓环的物理结构被破坏，髓核受挤压后流出，形成椎间盘突出。

在我二十几年的临床经验中，当我用特定的手法疏通肝肾经络时，腰椎间盘突出的病人双脚都会变得冰凉，无一例外。而询问他们的患病史，我发现他们都有受寒的经历。随着人体内寒气的排出，疼痛、麻木都会大大减轻，再经过一段时间的恢复，椎间盘突出的状况也会有不同程度的缓解与改善。

中医认为肝藏血、主筋，肾主骨。血液不畅，筋就会失养。肝气的不足会促使筋挛缩，肾气虚弱则造成骨的变化。肾阳气对血液的温煦作用，又是肝的原动力，肾水为肝木之母。通畅经络首先有舒筋通血的作用。用推拿疏通肝肾经络，加大身体气血通畅，一方面促使客居在体内的寒气通过身体最下方的脚底排出体外，另一方面椎体的韧带、神经组织得到充分营养，使其恢复原有弹性和柔韧性，椎间隙变大，让突出部位的椎关节内部形成一种负压，使得突出的间盘产生一定量的回位，减轻对神经根的压迫。同时由于营养的增加促使人体修复能力增强，破裂的纤维环也得到一定的修复。

所以我认为寒与腰椎间盘退行性改变密切相关。从排寒入手，强肾畅肝，加大恢复椎体循环是治疗腰椎间盘突出的根本方法。经我这些年的临床检验，这种方法的治疗效果非常好。

原来我认为腰椎间盘突出和心理是没有关系的。后来我治了一个腰椎间盘突出的病人，在治疗过程中，她出现了另外一种症状：咳嗽，不停地干咳，而且腿疼痛无力。前面提到过，愤怒的情绪会影响肺并引发咳嗽。只要一揉她的肺经，腿马上就有疼痛、胀的感觉，并且会引发咳嗽，又咳又吐，持续了半年时间。我细细询问她得腰椎间盘突出的过程，原来在她生完孩子的那几天，老公离开了她，两人打官司离了婚。在离婚的过程当中，她向她的前夫要抚养费，他也不给。她整个月子没坐好，一直处在愤怒、委屈、惶恐当中。这些情绪造成了她身体能量的淤结。很多疾病，包括腰椎间盘突出，都和愤怒有关系。气生寒，这是除外寒之外，客居在人体内寒气的另一个来源。

因此我想提醒大家的是，所有的事后治疗都不如在日常生活中，我们自己顺应自然规律，保持良好的心境，保持良好的生活方式，提高身体素质，避免不必要的寒气进入体内，做好自己的保健医生。

4.4 股骨头坏死

股骨头坏死，又称股骨头缺血性坏死，为常见的骨关节病之一。大多因风湿病、血液病、潜水病、外伤等疾患引起，先破坏邻近关节面组织的血液供应，进而造成坏死。它的主要症状是从间断性疼痛逐渐发展到持续性疼痛，再由疼痛引发肌肉痉挛、关节活动受限，最后致残而跛行。激素药亦会导致本病的发生。中医认为疾病发生原因为外因和内因，且内外因相互作用，使人体阴阳失去平衡。气血失衡而生疾，亦称髀枢痹、骨痹、骨萎。

十多年前，我治疗过不少患股骨头坏死的病人，有塌陷的，有里面形成囊状物的，都能康复。曾有一位陈先生，在患病前五年的时候，腿就疼痛得非常厉害，去各大医院检查，被分别确诊为坐骨神经痛、神经痛、风湿病，然后按照以上的诊断做治疗。五年之后，才知道是股骨头坏死。这个病例说明什么呢？股骨头坏死，早期确诊难度大，误诊率高。等到慢慢形成疾病，到不可扭转的时候，才被确诊，就像一个人死了，才被判为死亡。其实，当一个症状出来的时候，我们就应该能预测到将来会怎么样。"上医治未病"，如果一个人的症状很严重了，但你还是判断不出其将来可能出现的后果，那就等于延误了这个人的病情。而且股骨头坏死，素有"十病九瘫"的说法，其每年致残人数与心脑血管疾病致残率不相上下。确诊后多数医院又缺乏根本有效的治疗方法，现有的介入疗法、钻孔减压、皮瓣移植、股骨头手术置换等方法，只是维持控制的权宜之计，都存在着不能从根本上恢复的弊端。

股骨头坏死，在初期的时候疼痛，是骨头里面的缺血性疼痛，是骨头内部供血量减少了，不通畅了，形成了闭滞的疼痛，不通则痛。最初的时候，不是坏骨头，是关节囊萎缩、变薄，当变薄到一定程度的时候，关节的润滑功能就没了，骨头和骨头相接，开始形成股骨头坏死。在初期改善它的局部循环，让这个关节囊不萎缩，恢复通畅，就不会形成股骨头坏死。反过来讲，如果人的股骨头坏死了，已经形成囊状物，形成空洞，塌陷了，我们去改善它的循环，经过长时间的恢复，那么这个囊状物还能被吸收，股骨头还能恢复正常。

股骨头坏死的形成有几个原因：外伤、激素、着凉、饮酒。股骨头这个部位，血管分布是比较少的，就一个神经和关节窝连着，但是这个地方的体液循环是很丰富的，体液循环和血液循环是相互的，当血液循环受阻后，体液循环也会减少。因此只要改善血液循环就可以改善体液循环。

我曾经治疗过一个股骨头坏死的患者，她是一个女孩子，读高三，因大腿内侧疼痛，在天津一个医院做药熏，治疗很长时间也没有见效，一年以后就发现股骨头坏死了，当时医院是按照内侧韧带肌肉拉伤治疗的。股骨头坏死最初的症状就是大腿内侧疼，内侧的肌肉痛，摆动的时候特别痛，有时坐着的时候碰触一下大腿也痛得受不了，这是因为内部阻塞后，内部的韧带和关节囊干涩，形成疼痛。我治疗的方法很简单：疼痛，肯定是里面淤积了东西，只要把大腿根部一圈淤积的东西拨动开，包括腰椎部分也拨动开，这个股骨头部分的供氧量就能增加，疾病就能完全恢复。

还有，股骨头坏死患者在治疗期间绝对不能饮酒。我曾治疗过一个病人，股骨头坏死，已经有点塌陷，形成了一些囊变物。经过一年的治疗，患者再去拍片，就发现完全康复了。结果，他恢复后又开始喝酒了，半年后，囊变物又出来了。其次，就是绝对不能吃止痛药。学西医的人都知道，止痛药是神经阻断药，是阻断神经传导的，而神经和血液是伴行的，神经伴随着血液，血液也濡养着神经，两者是互相影响的。吃止痛药的时候，第一，掩盖了我们身体的感觉，第二，就是阻断了神经的通畅。它让你减轻身体的感觉，让身体的感觉欺骗了你。如果我们感觉到疼痛，是好事情，疼痛告诉你，你的身体有病了。如果你感觉不到身体的疼痛，那么你的身体就易患严重疾病，那就麻烦了。所以神经的第一个感觉是疼痛，然后是酸、麻、肿、胀。当出现第一个感觉的时候，那就是初期。

而如果再有酸、麻，最后出现踩在棉花上的感觉，病情就很严重了，治疗起来就会比较困难。

4.5 萎缩性胃炎

萎缩性胃炎，是比较常见但难治的胃病，胃黏膜萎缩、脱落，胃的消化功能减退。1990年我收治了一个病人，女性，体重40公斤，身高1.65米。当时她来我这里治疗的时候是冬天，正下雪，她穿得很多很多，非常怕冷。治疗前她一天只能吃四分之一个馒头（不足一两），吃完还吐，当时她的胃已失去了消化功能。来我这里时，她需要两个人搀扶才能走路，手和脚上青筋暴露，瘦得皮肤完全贴在骨头上。我摸她的后背，只能摸到皮和骨头，皮和骨头之间什么都摸不到，是一种空洞的柔软，没有结索。这是我要讲的是没有结索的疾病。

其实当我们身体内部器官退化的时候，身体的神经和血管也会随之萎缩。当时，对这位病人，我摸她后背的时候，尽量摸到里面，看看她里面到底有没有东西。我细微体察，只能摸到里面细细的神经腱和韧带，特别绵软，是空的绵软，就像我们摁摸大葱叶的感觉，里面什么也找不着。治疗了两天后，她自觉身体舒服许多，也能喝一碗粥了。坚持治疗两个月后，她就能一顿吃一个包子了（约二两重）。食量增加后，她的身体状况不断改善，体重也有所增加。

但到第四个月的时候,她的症状突然出现了很大的反复,一点食物都不能吃,吃了就吐。当时我也很担心、着急,因为萎缩性胃炎最容易癌变。到第五个半月的时候,我担心她有生命危险,天天和她在一起随时调整。大年初一我陪她一起度过,初二,我建议她家人让她住院。一方面,进一步做身体检查;另一方面可以通过打点滴补充身体所必需的营养。门诊医生以慢性胃炎、胃溃疡(除外癌变)收治,而且做B超的时候发现,她的胃完全没有空腔了,但胃的体积没有缩小。(传统上认为,不吃东西后,胃会痉挛性收缩,体积也会缩小。)住院后,医生让她服用了几天的少量消炎药,输了大量的营养液,以支持她的身体。当时,我天天在医院里陪着她。住院第八天,早晨起来,她突然说:"我想吃饭。"一顿吃了两个包子,一小碗米粥。从那天开始,她一天比一天吃得多。在医院住了一个月,她跟医生说:"我要出院!"医生很诧异,为什么只是用了点葡萄糖,用了点消炎药,她的胃就好了?

其实,我之前每天给她按摩后背,把她后背的神经给疏通开,使血液冲击她的胃壁,形成胃壁水肿、发炎,使胃完全没有空隙,所以她就不能吃饭了。但当胃黏膜水肿逐渐消失,她就恢复了正常饮食。这位病人现在体重140斤,每年春节还会来看我。她的胃黏膜原来萎缩脱落的地方,现在完全恢复正常。

当身体的器官长期得不到营养时，器官的内壁就会萎缩，失去功能，最后脱落。当我们开始给予器官营养的时候，器官里面首先是充血，让里面的毛细血管得到营养，然后内壁重新修复、生长，这个时候，就有一个危险，就是我所说的这个病患的经历。后来，我又治愈了不少萎缩性胃炎患者，没有再出现这种现象，原因在于我吸取了教训，把治疗时间拉长，于是这种不良反应慢慢地消化在过程当中，危险系数就降到了最低。

治病是个过程，是个斗争的过程，是医生和病人，还有病人家属团结起来，与病魔相抗争的过程。只有彼此充满信任与爱，才能与这个病魔斗争。正如这个病例中的病人，当她出现怀疑、退缩时，就会面临很大的危险。所以说，要想成为一个好的医生，就要与病人产生互信。所以说，虽然方法很重要，但更重要的是，作为一名医生，或者心理咨询师，你的内心是否准备好了，你是否稳定，你是否能充分地给到对方支持。爱心是最重要的。

我们要学的，是那种能量的互动，要学会真正的治疗理念。治疗的时候，我所做的事情其实很简单，但大家发现患者整个身体的形态会发生改变，这就是我和他之间能量互动的结果。学与道之间的不同在于，学只是让我们大脑丰富，结果我们的脑袋变大了，身体却变小了，内心也变狭隘了；如果我们悟道了，懂得了事物的发展和规律，我们身心合一，就会跑得更快。在给人做治疗、做心理咨询的时候，医生要把对方放在心中，全心全意地去关心他，去爱他，这本身就是一种治疗方法。当对方得到一份爱的时候，他的内心就会融化；当我们把手放到他身上的时候，他感到的，是一份支持的能量，他的身体很快就会接收这份能量，从而形成一种对流，形成一种沟通。医生和病人的身体形成一种沟通，和对方的内心形成一种沟通，就和对方形成了一种融合。因而我们能够接收到对方的信息，而我们给到对方的任何信息，对方也都能完全接收到。当他内心感到安全，感受到这份能量、这份爱的时候，他的内心才能融化，内心的保护机制才能放下，才能与医生和咨询师配合做出改变。

4.6 精神分裂症

无论从生物学或是方法学角度而言，精神分裂症都是一个十分复杂的疾病。精神分裂症的病因和发病机制、治疗和预防，一直是精神病学研究的中心课题。传统医学模式强调生物性的病因，按照这一观点，精神分裂症属于原因不明的疾病。群体遗传学研究结果证明，精神分裂症属于多基因遗传的复杂性疾病，其遗传的可能性为60%～80%，因此遗传是精神分裂症最可能的一个素质因素。最早的家庭系统研究发现，精神分裂症患者亲属罹患该病的概率高出一般居民数倍，患病率随血缘关系的远近程度而增加，患病者病情越重，亲属患病概率越高。除遗传因素外，环境中的心理应激和躯体疾病的影响也一直是该病病因学研究的重要方面。许多材料表明，精神分裂症与心理、社会因素有关，但目前我们还没能发现精神分裂症的决定性心理因素。

精神分裂症一般有如下症状：

①联想障碍。精神分裂症初期表现是思维松弛（思维散漫）、破裂性思维、逻辑倒错性思维、思维中断、思维涌现（强制性思维）或思维内容贫乏及病理性、象征性思维。

②情感障碍。情感淡漠、迟钝、情感不协调（不恰当）及情感倒错或自笑（痴笑）。

③意志活动减退。少动、孤僻、被动、退缩；社会适应能力差，社会功能下降；行为离奇，内向性；意向倒错等。

④其他常见症状。妄想是精神分裂症的明显表现，特点多为不系统、泛化、荒谬离奇；原发性妄想（妄想知觉）；幻觉，常有言语性幻听，比如评论性、命令性幻听；其他精神自动症等。

我在工作中发现，患精神分裂症的病人有一个共同的特点，都在根本的地方受到影响（在三个树形图中的根部）。于是我做出猜测：精神分裂都是和家族系统有关。

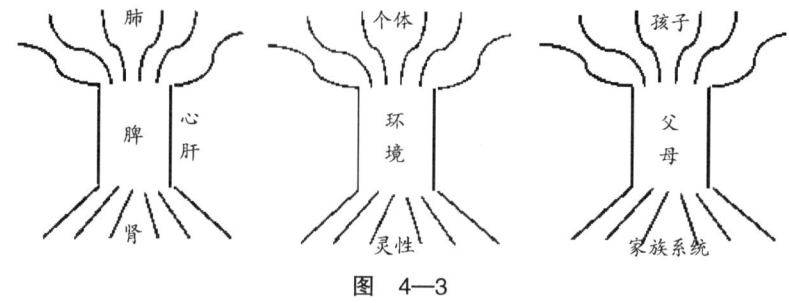

图 4—3

另外还和他的身体系统有关。所以,治疗的时候,我从身体上疏通控制全身系统的内分泌系统的根本部位。我发现,一般患有精神分裂的人,女性在妇科上有些问题,男性则在生理上有些问题。这只是一个现象,没有得到科学的证明,所以我只能这样和大家讲。但事实证明,精神分裂是可逆的。当我探究身体的时候,发现他们的后腰部位都聚结得很厉害。询问下来,女性精神分裂症患者月经大多是不正常的,会有时间长短不等的闭经史;男性患者,检查到其生殖器部位时,他会特别紧张。在用身心全息疗法调理的过程中,患者的神志会变得清醒,这是我最初治疗精神分裂的发现。在不断的案例积累中,经身心全息疗法的手法治疗,很多精神分裂患者已经开始好转,而且有一些患者得到了治愈。曾经有一个病史二十多年的精神分裂症患者来我这里治疗,她去过很多医院,都没有治好。我在给她治疗的头两个月,她开始慢慢安静,不再打人。等她清醒些的时候,我就问她:"你为什么打人啊?"她说:"那时候,我看谁都特别丑,特别难看,特别可恨,而且特别可怕,我就想打他。"我们可以这样理解吗？她混乱的时候内心当中有一个恶魔！她看到的世界非常恐怖，我们都像鬼一样恐怖。她见谁就想打谁，拿着刀乱砍。当我把她治好以后，我问她："你现在呢？"她说："我也不知道为什么，我现在看谁都是那么漂亮。"她的哪里改变了？是她灵性的部分、内在的部分改变了！她内在当初肯定是有冲突的。当我改变她肾的部位（第一个树型的根部），她的灵性部位（第二个树型的根部，内在的部位）就改变了，她的内在就不再冲突了。

但是，如果精神分裂症患者的灵性（第二个树型的根部，内在）改变后，出现惊恐的感觉，甚至出现想自杀的倾向，那说明，他们生命动力中还有一个力量或者问题没有解决，就在家庭系统（第三个树型的根部）中。往往过去的治疗在做到突破第二个根部后，就停止了。而我做了进一步的探索，就是用家庭系统五行动力分析的方式，把家族系统当中不协调的能量变得协调，而患者就能恢复真正的安静！魔也好，鬼也好，我们不去探究它，我们就知道，这是一种现象，这个现象是不能解释的，那我们就把这个现象叫作一种能量。

这个能量是在家族系统这棵树型中存在着的冲突，我们要做的就是去解决这个冲突。那怎样去解决这个冲突呢？当我们看见两个人不停地在打架，我们怎么去解决？第一步，我们会把一个人拉出来，问问他们为什么吵架啊，他就会讲出他的理由。第二步，我们再把另一个人找来问问为什么吵架，他也会讲出他的原因。第三步，我们就做一个评估，这个评估就是让他们和解的方法。那如何让他们和解呢？比如说，是因为乙杀了甲的父亲，甲才和乙记仇。而乙说："我的爸爸是因为你的爸爸而死的，所以我杀了你爸爸。"冤冤相报何时了？那我要让甲和乙看到什么？其实，两个人的父亲都死了，都进入了另外一个世界，并且可能已经在那个世界和解了。如果让活着的人看到，他们的父亲相互和解的事实，那这两个人的内心就安静了，这就是能量的和谐。

家庭系统动力，说的是家族能量。一个家族当中有一个能量的传承和流动。家族中的成员，每个成员都有他的灵魂。每个灵魂，受更大灵魂的影响，就是家族系统的能量影响。灵魂是什么？是看不见、摸不到的东西，这个灵不是我们说的迷信的灵，这个灵是种能量。比如说，在家族系统当中，有一些文化，一直影响着我们；在家族系统当中，有一些理念的传承，这也是能量，这个能量是一种信息。

在治疗精神分裂症的过程中，我还发现一个现象，也是一个规律：每一个精神分裂的家族当中，都有一个谋杀事件。通过能量治疗的手法，患者能恢复神志，但并不彻底，而再结合家庭系统动力调整，治疗效果就会非常理想。

精神分裂症是可逆的，但要分是什么类型。有一个这样的案例。一位女士偷偷来找我，说她老公得了一种病，叫偏执型精神分裂。每天查她的手机，手机上的任何一个号码，必须问清人家是男的还是女的，再回拨所有的号码。如果是男人接的电话，他就问一件事情："你是不是我老婆的外遇？"他每天查通话记录，还查QQ、MSN聊天记录，而且每天晚上睡到两三点钟，就把老婆揪起来，很愤怒地说："你肯定外头有人了。"他老婆说："你看，我手机也被你查过了，我QQ、MSN也被你查过了，我在外面没有男人。"他就说："你肯定有，你说出来，我就放心了。要不然我睡不着觉。"没过两天，我就接到一个电话，他说："我告诉你，如果你再勾引我老婆，我跟你没完。你离我老婆远点，以后不许打我老婆电话，会有后果的。"

这样的人，只对他怀疑的对象产生症状，如果你遇到这类人，要保护好自己，他很容易做出偏激的事情。这种情况是不信任造成的，问题出在肾。其实，这个人在很小的时候，妈妈背叛了爸爸，他有过三次失败的婚姻，三个女人都离开了他。他和人合作经营公司，也是个女人，也骗了他。由于愤怒使肝气郁结，恐惧使肾气郁结，所以他得了这个病。如果他真找到了咨询师做精神分析，慢慢过几年，也会改变过来，只是这类人很难接近，因为他不相信任何人。这种偏执性精神分裂很难被治疗。

4.7 其他病症

4.7.1 带状疱疹

带状疱疹又称急性带状疱疹，是一种由水痘——带状疱疹病毒所引起的急性疱疹性皮肤病。中医称"缠腰火龙""缠腰火丹"，民间俗称"蛇丹""蜘蛛疮"。此病发生的病理机制为：本病在无或低免疫力的人体（如儿童）中引起原发感染，病毒主要经呼吸道黏膜进入血液，感染人体后在体内大量增殖形成病毒血症，散布全身导致人体出现水痘。水痘痊愈后，感染的病毒以潜伏形式长期存在于脊髓后根神经节或颅神经的感觉神经节中，当机体受到某种刺激（如创伤、疲劳、恶性肿瘤或病后虚弱等）导致机体抵抗力下降时，潜伏病毒被激活，病毒从一个或数个神经节沿相应的周围感觉神经到达皮肤，在神经末梢迅速繁殖并破坏组织、细胞，使之发炎、出血、死亡，引起复发感染，即带状疱疹。大多数人携带病毒终身不复发感染。带状疱疹患者，临床症状消失后产生抗体，终身免疫，会有部分患者转为后遗神经痛。中医学认为本病因情志内伤、肝经气郁生火以致肝胆火盛，或因脾湿郁久、湿热内蕴、外感毒邪而发病。

西医对带状疱疹的解释是病毒侵犯神经。但病毒为何只侵犯神经，而不侵犯其他脏器呢？是因为病毒有一定的走向，我们经常看见的带状疱疹，一般在腰、腿、胳膊、头，最多的在胸部。有中医上说，是肝经上的问题，但我在多年的临床经验中发现，在发病的前一段时间，如果情绪不稳定，烦躁，郁闷，没有安全感，或有恶劣情绪，人的免疫力就会受到影响而下降。当人有不好的情绪时，身体也会产生毒素。受情绪影响，身体能量不平衡，身心能量降低，身体就易患病，或原有疾病就易复发。不同的情绪在身体上显现的部位是不一样的，如带状疱疹在腰部出现与不安全感、恐惧有关，在肩背部出现与急躁、愤怒有关。注意，带状疱疹要找到它的根。不同的带状疱疹，根是不一样的。大部分的神经纤维，是从我们的后背、从我们的脊椎神经发出来的。通过神经的不同走向，找到它的根，就能医治。

带状疱疹，在腰部发病居多，有的是一侧，有的是两侧，在这里长的话，我们不要去碰长的地方，要在脊椎两侧，从脊中穴开始到命门穴部位，竖着找三个部位，用医用采血针挑开三个地方放血，挑开后，如果放出的血是黑色的，就对了。（请读者在专业人士指导下进行，不要自行操作。）然后，在我们尾椎的地方，靠上一点点，挑三个地方，用针挑开，把血挤出来。刚得带状疱疹，很痛的时候，你挑开这些地方，挑完十分钟后，就不疼了，第二天，这些带状疱疹就退回去了。而如果是在胳膊上长的带状疱疹，我们就在脊柱上找位置，然后，在对应的穴位竖着挑三针，放出血，同样,再在尾椎上面一点的地方,还要同样挑三针。而如果你实在找不到地方,那就在尾椎这个地方,挑三针,放血,尾椎这里的具体穴位,就是在长强穴靠上一点的位置,三针之间的间隔有一定的间距,挑完后,把血挤出来,就好了。脸上长疱疹也一样。先找到腰这里,骨盆靠脊椎这里,有两个圆骨头,横着,挑三针,然后,在尾椎的上面一点的部位,挑一针,第二天,脸上的疱就褪了。而如果是小孩子,挑几次后,就不再长了。

4.7.2 自闭症

我近期收治了一个自闭症患儿,这个孩子除了自闭外还有多动症状。他很难集中注意力,不停地在动,摸这个,摸那个。无论你跟他讲什么他都听不见,而且他睡眠不好,晚上不睡觉。想让一个人听到其他人在讲什么,首先得让他安静下来,只有安静下来,才能听到别人的话,才能跟外面的世界去联结。当一个人不停地在动,就意味着他是生活在自己的世界当中。

他的父母带他看病看了三四年的时间,孩子没什么大的改变。真正的自闭症,起源于三岁以前,是一种由大脑、神经以及基因的病变所引起的综合征。症状主要表现为社会交往和语言交往障碍,以及兴趣和行为的异常。这类人还有一个特征是图片式记忆,会做一些死记硬背的事情,固定不变的东西会记得很清楚,但稍微有一点点的变化，就不认识也不接触了。自闭症的孩子，在身体上有什么特点？脚后跟会比正常的孩子小，这和神经元有关系。脚后跟是连着大脑的，脚后跟代表的是肾，肾的根。肾，藏精，主骨，还主髓，脑为髓之海。脚后跟为什么会小呢？因为肾气先天不足。肾主动，肾气不足会造成患儿多动，不安静。

通患儿脚后跟和后背与肾的相关部位，会有安神的作用。在神情安定的状态下，孩子就容易睡觉。他安静下来，多睡了，就能养脑。养脑，内心平静，就能开始和你沟通。我第一次给这个孩子做完治疗，他就睡着了，回到家里，又睡了整整一天多的觉。等他醒来后，他爸爸发现能和他有简单的沟通了。现在这个孩子进步很大。

4.7.3 咳嗽

咳嗽分很多种，五脏六腑的问题都能引起咳嗽，除了肺引起的咳嗽外，还有肠引起的咳嗽、胃引起的咳嗽，等等。其实咳嗽是一种表象。

肺热引起的咳嗽是"急升火，气生咳"，心里起急，容易嘴巴长泡，口腔里有溃疡，这是心火造成的。火克金，金为肺。如果一个人内心当中总有急火，就会伤害他的肺。这种咳嗽是干咳，像嗓子里面总有东西在抓，嗓子这里是痒的，胸口膻中穴是热的，像一团火在燃烧。而痰在肺里，被火焦着，如果吐出来就好了。所以，火没有生痰，而生了炎症。当我们听到一个人这样咳嗽，就可以问他："你在为什么着急？"这种咳嗽吃牛黄解毒丸有效。牛黄是降火的，主阴，泻脾土，滋肾水。当你咳嗽剧烈的时候，是由脾（土）引起的燥热，牛黄就是通过大肠经泻脾（土）的热。大肠经络属于脾，和肺经成里表关系。如果肺里面有热，我们泻它表面的火，它的内热才能出来，所以，你吃了牛黄很快就好了。而吃消炎药效果就差一些。牛黄解毒丸是大凉的药，是治大肠通便的。急火引起的咳，要通过大便排热。

如果用能量治疗的方法，首先需要泻火，治疗肠胃。一个人有肺热，燥火产生的肺热，就需要滋肾水，泻大肠。大肠神经根的发育在后腰中间的地方，差不多就是凹进去的地方，还有，就是在尾椎骨上面一些的地方，如果把这两个地方疏通开了，再疏通后颈处下面，就可以泻大肠，而滋肾就是前面介绍过的腹股沟敲打、揉动方法，再者配合，咳嗽就会好。那从心理上怎么解决呢？这种情况是由急躁造成的，是因为一件事情，或者更多的事情，长期以来处于一种焦躁的状态，注意，不是焦虑，是焦躁。如果他不再着急，能保持内心平静，咳嗽就能减轻，这是从根本上解决。

躺下咳嗽的人，是肾虚，肾水不能养肺。当然，咳嗽本身是燥热。这是睡眠不够造成的。早上三四点咳嗽的人，是有一点愤怒的。压抑的愤怒，使肝经堵塞。半夜三点到五点的时候，是肺经当令，如果是早上这个时候咳嗽，就是肺虚。这样的人，气虚，固摄不住津液，所以容易盗汗。

4.7.4 小儿高烧

如果家里的孩子半夜发高烧，高烧不退的话，按西医的说法，是身体内的病毒、细菌和身体内的白细胞产生对抗而产生热，引起高烧。而据中医的说法，这是阴阳不调，大邪上亢，就是内部的阴阳相亢，故引发高烧。我们梳理他的经络，这高烧就退下来了，而且炎症消失。我的两个孩子接受的就是这种治疗方法，没用过药。

我的方法就是：孩子发高烧，你就揉腰的下半部分、八髎穴区域，用你的前臂外侧揉。注意，凡是发高烧的孩子，在发烧前，手心、脚心是干、凉，烧起来以后，这个手心、脚心是燥、热；手心、脚心发热，是五心发热，是心火，你揉通这个地方（腰的下半部分、八髎穴区域），就是壮肾阳，让水上去，这个地方是阳光，即巨阳经（就是膀胱经）。有的时候，肾阴水上不来，缺水，不是因为肾水少，是因为阳光照射不够。巨阳经是太阳经，是我们身体当中的阳光，这个地方如果堵塞了，不通畅了，人的免疫力就会下降。巨阳经是保护人的身体的，也叫卫气。提高卫气，让卫气的保护能力增强，这也有解表作用。如果你疏通了整个后背，主要是这个地方（腰的下半部分、八髎穴区域），当你疏通到一定程度的时候，这个阳光就加强了。然后，你就揉他正面下腹部两侧的地方，是滋肾水，包括敲腹股沟这些地方，揉到一定程度的时候，他的手心脚心就出汗。一出汗，你量体温，他的体温就下来了。孩子如果感冒、发烧，其实揉个两三次就好了，比吃药要好，而且没有损伤，孩子的免疫力也会越来越强，逐渐就不容易感冒了。

4.7.5 糖尿病

大部分糖尿病患者，他的臀部都是萎缩的。治疗糖尿病要调动患者内心的力量，放弃自己的想法，让他觉得，他是有用的，让他感觉到："你非常重要，如果你倒下了，这个家庭就没有了。"然后，逼着他去运动。糖尿病人，以我的经验来说，最好的运动就是练习蹲起。这个练习，是锻炼臀部的肌肉。最简单的一个方法，就是只要患者的臀部变大，臀部上的肌肉恢复了，他的病就会好。

糖尿病还分两个类型，一个是胖，一个是瘦。胖的人，后背厚，屁股小，会慢慢变瘦。而特别瘦的人，你拿手指头一碰他屁股，就是在尾椎骨旁边的地方，他就疼，而且疼得受不了。这样的人，你慢慢拨动他的胯部和臀部，再让他练习蹲下和站起，他就能好。有一句俗语，"十个胖子九个富，就怕胖子没屁股"。一个胖子，如果屁股是凹进去了，那他肯定就有问题了。你观察一个大胖子，臀部很小，背部很厚，那么他血糖的数值肯定高。你把他整个后背的厚度降下来，再让他的臀部变大、变丰满，然后你再让他去化验，他的糖尿病症状和血糖数值应该就会基本恢复正常。

因为糖尿病和生理神经有关，而和生理神经有关系的疾病都遗传。如果治愈之后再怀孕生孩子，遗传给孩子的概率就会大大降低。而在治疗的过程中，还需要继续注射胰岛素，然后根据病情变化调整药物剂量。因为改变一种疾病需要时间，当我们的治疗还没有让他的身体能量得到足够支持的时候，在整体还没有完全恢复之前，用药是必要的。因为要保障他的身体机能正常运转。我们是调整，让整体得到恢复。先要保住他的命，才能治他的病。皮肤病的治疗也是如此。

4.8 亲子教育

我们的孩子是我们生命的再造，也是我们生命的延续。孩子出现健康问题常常跟父母的状态有关系。这部分就先从一个病例讲起吧。

第一次见到他时，这个七岁男孩非常瘦弱，脸色黄白，像个小女生。他身体状况是皮肤过敏，肺经不通，骶骨区域组织板结、经络不通，肾虚。

孩子妈妈告诉我，她快崩溃了，因为孩子每天咳嗽！医院的诊断是过敏性哮喘。当我问起孩子的问题时，妈妈流出了眼泪，说孩子出生时很健康，可是到三岁后就开始了与医院打交道的生涯。他们每天都在跑医院，孩子见过很多医生，做过许多次治疗，中药也吃了好几年。可是孩子好的时间总超不过三四天。当时天气并不寒冷，可是孩子却穿着厚厚的棉衣。我摸摸孩子的后背全都是汗，就问他妈妈为什么给孩子穿这么多的衣服，妈妈说怕他见风着凉。我开玩笑说："你肯定是孩子的亲妈妈。"

在我们开始治疗的第一天，孩子告诉我："大夫，我不相信我的病能好。"我转过头问他妈妈："为什么会这样？"妈妈回答说："看的医生太多了，孩子都没信心了。"我又问孩子："你是怕我治不好你的病吗？"孩子脱口而出："我不愿意好。"我吃惊地看着孩子，问："为什么？"你们知道孩子怎么说吗？孩子说："如果我好了，妈妈就不管我了。"我让妈妈对孩子说："你的病好了，我会更爱你，会陪着你的。"

在治疗期间我发现，孩子的妈妈内心有很强烈的不安全感，她每天都会把时间花在外出和聊天上，很少管孩子，也很少真的关注孩子。我在给孩子调理身体和增强身体免疫力的同时，也与孩子妈妈进行沟通。当孩子的妈妈内心有了安全感并稳定的时候，她懂得关注孩子，并有了很大的耐心。经过几个月的治疗后，孩子的身体变得非常强壮。

这个病例当中孩子咳嗽是由于恐惧引起的阳火上亢，灼伤三焦，形成慢性炎症，属于虚火。长期恐惧的人容易腰酸，他们腰的底部是僵硬、板结的。皮肤过敏也与焦虑有关。在治疗过程中，通畅肺经，疏通孩子骶骨区域，补肾气，提高孩子的免疫力。这是处理表症。

造成这个孩子疾病的根本原因在于，孩子总觉得妈妈的心没放在他身上，内心充满了恐惧和焦虑。由于孩子渴望妈妈的爱却不能以正常的方式得到，于是就选择了用疾病的方式留住妈妈。当妈妈的状态改变时，疾病也就得到了治疗。

一个生命来到这个世界上，带来的是种子的力量。种子的力量是巨大的。无论你把它放在哪里，哪怕是在山崖上一个石缝，那里没有丰厚的土壤，只是下雨，给到一点点水分，它就会生根发芽，它的根会扎到很远很远，会顽强地生存下来。是不是这样？

如果是一粒雪莲的种子，它会长出雪莲；如果是鲜花的种子，它会开出鲜花；如果是一粒果树的种子，它会结出果实。我们的孩子，就像一粒种子。这粒种子刚刚落地的时候，我们不知道它会成为什么。把它种在哪里呢？如果它是一朵花的种子，我们把它种在花盆里，而如果它是一棵松树的种子，我们也把它种在花盆里，那就限制了它的生命。然而我们现在很多家长，就是把一粒种子种在花盆里。每天把花盆端出去晒晒阳光，晚上端回来，放点水。然后告诉他，要好好成长，我给你的营养你要好好吸收，否则的话我会打你，因为你不好好学习，你就成不了我心中的那朵花。

  我们把种子放在大地和自然界当中，它就会自然、自由地去生长。我们要相信这粒种子是顽强的，无论它长成什么，都会成为一个灿烂的生命。父母给予孩子生命，我们给予他支持，给予他们我们能够给予的一切。但是，我们也有我们不能给予的东西。如果我们强求自己，非要给予我们给不到的东西，用达不到的能力去给予孩子，我们就会虐待自己。另一方面如果我们强迫孩子，给他不能承受的东西，给他多施肥、多晒阳光、多浇水，那么我们就违背了自然规律。那时孩子会产生什么？怨恨。自然的培养，是最好的教育。而只有父母自己长成参天大树的时候，才能够影响到他，才能真的给他遮风避雨。当孩子很稚嫩的时候，父母的任务，是要为他遮风避雨，为他创造一个比较安全的环境。但是这个环境是比较自由的，这个自由也是有度的。这个自由在遵循着什么？自然规律。自然当中是有规律的，这个法则是不能违背的，违背法则，就要出问题。这就是我们家长需要改变的，我们既给予自由，也给予规矩。那首先我们父母要做一个什么样的人呢？一个有规矩的人，这样我们才能让他成为一个有规矩的人。没有规矩，不成方圆。

一个孩子来到这个世界上,最大的一个力量就是"我要活下去"。他刚刚来到这个世界上的时候,是那么脆弱,什么都做不到。他需要妈妈爸爸的照顾,才能活下去。于是孩子会想尽一切办法,让父母接受他,肯定他。一个孩子从小到大,得需要多少次的肯定,才能建立他的自信?有人说五千次,够吗?如果我们一直对着一个孩子讲"我很肯定你",他能接受到吗?他不能。我们用语言表达的力量太微弱了。那一个孩子在什么情况下才能接受自己?当他的内心充满安全感时。

而我们用什么方法才能给一个孩子安全感呢?父母的状态。父母就是孩子的第一个自我,叫"镜像自我"。父母是他的镜子,他从父母那里看到了自己。如果他看到父母之间是争吵的,他看到整个家庭是不和谐的,那他就会产生不安全感。孩子会觉得:"大人那么强,那么有力量,他们都那么痛苦,我还哪来的安全感?他们那么厉害都没把婚姻处理好,我哪有能力把婚姻处理好?他们无所不能,但是他们的整个人生是那么的痛苦,我为什么要相信人生?"

有时,孩子也和我们讲心里话,但我们总会觉得和孩子之间有距离感。那我告诉你,你只是和孩子在做大脑层面的沟通。如果你拉着你的孩子,抱着他的肩膀,你都感觉不舒服,你都感觉心是贴不近的,那孩子同样会感觉到和你的心是贴不近的。那么这个关系里面就有需要处理的问题。

再举一个极端的例子。我曾治疗过一个病人，二十一岁，他下肢瘫痪，中医叫下痿，肚脐往下全部失去了知觉。他在石家庄接受过中医、西医、中西医结合等治疗，两年都没有明显疗效。他见我的时候需要两个人抬着去。他的大腿根部细得像胳膊，双下肢严重萎缩。当我问他病情时，他详细叙述了发病及治病经过，还说前些年经常躺在水泥地上睡觉，冬天也是如此。我给他检查身体后告诉他这种瘫痪是着凉引起的。治疗三个月后，他可以站起来走路了。他每天拄着拐杖到我那去，有次他乐呵呵地跟我说："大哥我特别喜欢你，就愿意跟你相处聊天。但是我跟你说，你治不好我。"我问他原因，他说："我早就不想活了。"那时候我以为他在跟我开玩笑。有一天他来做治疗，有点发烧，我退下他的裤子一看，骶椎这个部位化脓了。我心里一惊，忙问他怎么回事，他说："屁股上有一块皮让我撕下来了，结果连带撕下一块肉来。"他在尾椎上面骶骨的地方，撕下来一块，那个地方已经开始溃烂。我问他："你撕下来怎么不吭声呢？"他满不在乎地说："吭什么声呀，我的身体不重要。"我跟他说："你回家赶紧让你妈带你到医院换药，输点液。赶紧治疗你的伤口，不处理的话会得败血症的。治好后，再过来治你的腿。"他回家了，结果等了他半年也没有再来做治疗，我便去他家看他。当我看到他的时候，他已经在床上躺了半年了。

原来溃烂的部位现在已经露出手掌那么大骨头了。我问他疼不疼，他笑笑跟我说："不疼。"我问他这么躺在床上有人管吗？他说："我就来回侧身躺着。"后来他最终死于败血症。我问他妈妈为什么不给他做治疗，他妈妈说："治了。叫好几个老头开的偏方，拿家里的破布，摊上一些药膏，糊在那里。"之后她就很少再管他。

他死之后第二天，他媳妇就去我那里，跟我说他半夜两点死的，走的时候嘴里还在骂他妈妈。我问他为什么骂他妈妈呢？她说："你不知道，我们家有一个特点，所有的人都骂妈妈。我公公婆婆都骂他们的妈妈。我丈夫对他的奶奶特别好，但他们一家都骂奶奶，只有他不骂，他骂他的妈妈上不养老，下不养小。'我就死，你不就我这一个儿子吗？我让你断子绝孙。'"

看到了吗？在他的心里有这样的想法："我的生命不重要，我不能弄死你，但我能弄死我自己。"他一直怀着这个对妈妈的消极的情绪——恨，这样的消极力量牵引着他走向了死亡。由此，我们可以看出负向的力量有多大！

任何一个事件的背后我们都应该看到正向的东西，都应该看到支持我们的力量。如果我们沉沦在这个消极当中，我们就走向了另外一个极端。如果我们找到人的快乐，找到正向的力量，就能由消极转向积极。

我一想起这个人就会觉得心痛，如果我更早学习心理学，也许那个生命就会留下。有些东西不是人改变不了的，是我们没能及时看到真相。在生活当中也是如此，没有放不下的情绪，只是你没有看到真相，只是你不想放下。父母，是他们给了我们生命。我们能否做到只因为他们给了我们生命而放下一切负面的力量？如果我们能做到，还有什么不能包容的呢？生命是最宝贵的东西，当我们带着一颗感恩的心面对我们的父母，面对我们的朋友，我们还有什么不能放下呢？

5 提高生命的能量

5.1 呼吸之间

我们的生命就在呼吸之间,呼吸是我们人体与自然界保持联系的最基本方式,也是我们从自然界汲取氧气的最重要方式,每一次呼吸都是我们的身体和自然界的一次接触。在日常生活当中,呼吸代表人的生命,它一直存在,而我们却常常忽略它。当我们细细体会它的时候,我们会有一些新的发现。如果你每天去体会自己的呼吸,去观察它,你就会感觉到,我们的每一次呼吸都是生命的一次循环。

我小的时候,武术老师交给我一套功法,叫"吐纳法"。开始,老师是这样让我们练习功法的:老师让我们用鼻子深深地吸气,吸到最深最深,一直到我们身体的会阴穴,然后老师会在我们每个人嘴的前面放上一盘香灰，让我们把气由会阴穴那个部位沿脊椎到头顶的百会穴再到口腔徐徐吐出来，吐的时候香灰不能被吹动。在这个时候，你会体察到我们身体的每一个部位、脊椎的每一节都轻松舒畅，感觉身体从内到外的清爽，这个方法我一直延用到现在。在我日常的工作和生活当中，我会用这种方法去呼吸。每次这样练习的时候，我都会有这样的发现：我身体的每一个部位被蓄满能量，它不但使我的精力充沛、身体有力量，还能让我与身体的每一个部位充分地联结。比如我受到一些委屈，在呼吸的时候，在胸椎的地方就会有一种感觉，也许是一种停留，那个委屈的情绪会随着每一次呼吸宣泄出来，有时候会流眼泪。这个方法一直保护着我。我今天告诉大家这个"吐纳法"，希望对大家有一些帮助。

每次上课，我都会告诉我的学员用这个方法去练习，每个学员都会出来不同的情绪，当这些情绪被完全宣泄出来时，学员的身体会有不同的变化，身体的情绪与疾病得到了相应的处理与治疗。虽然这是道家的一个内功心法，但它能梳理身体内的情绪，使身体达到和谐。身体和谐的时候，与自然界也保持了和谐，身体的能量也得到了提高。

5.2 内观生命的种子

我们深深地呼吸，把身体准备好，找到一个很舒适的姿势。当你准备好后，我带大家走一程，去观看一个生命，去观看一个现象。

深深地吸一口气，让自己安静下来。随着你的每一次呼吸，我们去穿越自己的生命。

我们的生命是一粒种子，这粒种子落在大地上，随着阳光照射，大地滋养，它发出了第一条根，长出了第一片叶子，这就是一个生命的开始。

这个生命是非常稚嫩、柔软的，它贪婪地吸收着大地给予的养分，以及太阳给予的阳光。它呼吸着，贪婪的吸收着，索取着。于是，长出了第二条根、第二片叶子。它的身体在慢慢地长大，随着身体的变化，它需要的营养越来越多。大地源源不断地给它营养，太阳源源不断地给它温暖、能量。随着第二条根、第二片叶子的成长，它长出了无数条根，无数片叶子，抽出了第一条枝丫，第二条枝丫……渐渐地长大。时间一天一天地过去，一年过去了，它长成了一棵小树。小树并不粗壮，但它具备了所有的一切。随着时间一天一天地过去，一年一年地过去，小树也越来越粗壮，它变成了一棵大树。直到有一天，它开始关注周围，在离它不远的地方，有一棵和它一样的大树。两棵树的枝条互相触碰到了一起，同时产生了一粒种子，掉在了地上，这一粒种子是这两棵树的结合。种子被风一吹，吹到了旁边，也许掉在了石崖下，也许掉在很肥沃的土地上，也许掉在了河边。两棵树很紧张，因为那是它们的孩子，它们想去照顾他，但无能为力。

随着风，这粒新的种子落在一个地方，开始发芽，像两棵大树一样，长出了第一条根，第一片叶子……几年过去，它长成了一棵小树，很欢快地生长着。两棵大树，注视着这棵小树的生长，感受到欣慰、开心和幸福。它们看到自己的生命在延续着，在另一个地方又重新生长。

几百年过去了，两棵大树变得枯老，但是在它们身边形成了一片森林，这片森林不断地发展着，形成了一个世界。在这个世界里，有无数棵大树，它们盘根错节、互相依靠，形成了一个社会。其中又增添了很多的生命，有小鸟，有昆虫，有各种各样的动植物。阳光依然照射着，大地依然滋润着，在这个世界里，生命不断地延续着。几千年以后，森林已经变得无边无际了。然而，它们遗忘了第一粒种子。当每一棵树环顾四周的时候，它看到的周围都是森林，它看到了同伴，看到了很多很多，它在观看这个世界，这个世界是那么美好，那么繁华，那么丰富。但是，在这种繁华中，它忘了自己，失去了自己，自己被淹没了。

又过去几千年，忽然间有一棵树，说了一句话："我是谁？"

这句话惊醒了所有的树，我是谁？我要到哪里去？我为什么会这样？于是，一片哗然，它们决定共同去寻找。它们开始寻找它们的过去，穿越它们的过去，一代一代穿越着，它们最终找到了第一粒种子。它已经消失了，那里只有一个痕迹，那里只有一棵枯树，那就是它们自己生命的最初。然而，现在的它们却发展成了一个社会，一个世界。在这个发展过程当中，它们的身体、它们的心理发生了巨大的变化。在这个变化当中，依然存在着过去的痕迹。这就是生命的历程，不断地延续着，遵循着一个规律、一个法则，不断地延续着，不停地探索着。

当它们真正懂得，这不是道理，这是自然力量。于是，它们产生了智慧，这个智慧让它们联结成一体，看到生命的真谛。于是它们学会了尊重，学会了谦让，学会了包容，学会了陪伴，学会了接纳。这时候，这个世界变得更加和谐了。所有的生物在这个世界当中和谐地生活着。

我们的身体是自然界的一部分，它与自然界息息相通。我们从自然界得到营养，我们散发着自己的能量，支持着世界。我们的每一个细胞，都能呼吸；我们的生命，无限地延续了下去。我们用我们身体的每一个部分做一次呼吸，吸收所有的能量，让其进入我们的身体。我们在用我们的身体，向自然界发出一种能量，那就是爱。对所有人，说一声："我爱你。"对自己说："我爱我自己。"我们深深地吸一口气,吐出来,慢慢地睁开我们的眼睛,看看我们周围所有的人。

5.3 与我们的父母联结

我们的身体就像一棵树,一粒种子。随着种子的成长,抽出第一条根茎,长出第一片叶子,慢慢地长成一棵树。如果我们的生命真的是一棵树,那我们的身体能量是从哪里来的?从树根和树叶部分。《类证治裁·喘症》写道:"肺为气之主,肾为气之根,肺主出气,肾主纳气,阴阳相交,呼吸乃和。"

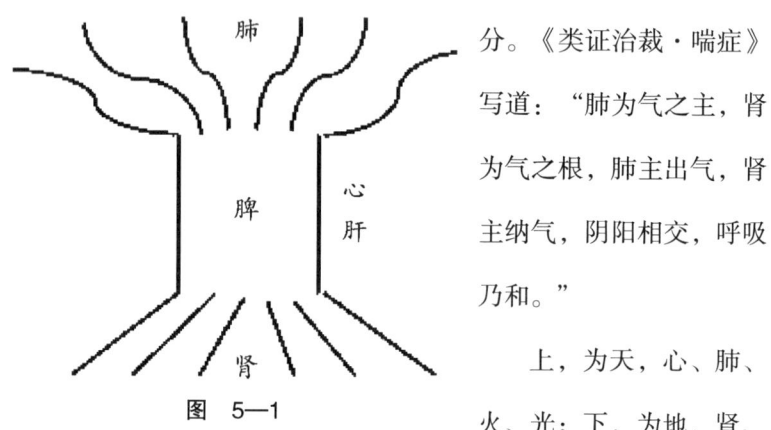

图 5—1

上,为天,心、肺、火、光;下,为地,肾、精、水。下结地,上连天;中间为我们的身体,脾、肝。当然,中间还有其他脏腑。我们这次只用五个器官解释我们的身体能量来源。

天,上面的能量,给了我们温煦;地,给了我们营养。人体像一个小宇宙,与外界有一个联系。人体内部也有水,有河流,有大地。我们把肾水比喻成大地上的水,身体的根本。肺则像树叶一样吸收氧气。经过阳的温煦,太阳光(心火)的照射,水升腾到肺,跟吸入的氧气产生交换，吸收濡养的东西再进入心脏，随着血液疏布到全身，形成支持身体能量的精微物质，这是身体能量的一部分。肾水像被蒸腾的海水，升腾、凝固成雨雪落在山上，再融化下来，由肺流入河流，以滋润大地。我们通过摄取食物来获得身体所需的营养物质，并形成血，这是人体能量的另一部分。地是本，为生物提供孕育生命的能量；身体的脾像大地，脾蕴化食物营养，由这里转化的水谷精微疏布到全身的各个部位，支持身体。这就是一个简单的转化过程。

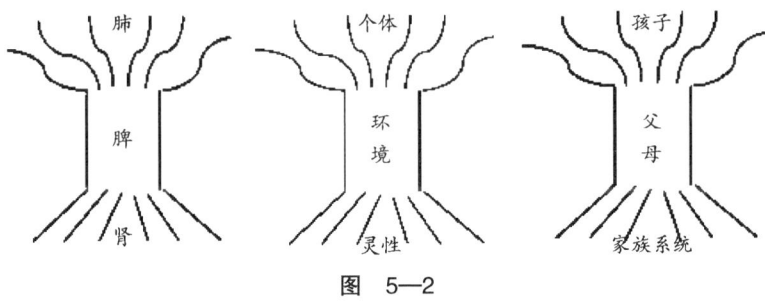

图　5—2

上图的三棵树是一种比喻。一个是身体之树，树根是肾；一个是心灵之树，树根是灵性、内在；一个是家族之树，树根是家族系统。我们可以横向看，当身体的肾气非常充实，生命力极其旺盛时，我们的感知是非常灵敏的，内在、灵性的层面是非常饱满的，我们能和自然界相联结。当内心非常丰富、充盈、和谐时，家族系统能量就会是内在和谐的。家族系统能量和谐了，父母之间的状态也就和谐了（这是树根处的横向连接）。

如果一个人的生命力非常旺盛，就是肾水旺盛的时候，身体就容易保持平衡，在社会中的各种关系里就容易表现出内外一致的协调。而家族系统能量的和谐，会让家庭中的每个人站在属于自己的位置，彼此之间的关系是融洽的（这是树干处的横向连接）。当一个人处于这样的状态时，身体就容易保持健康、柔软；心灵的外在表现会是灵活、开放、包容、接纳的；在家族系统中，我们的下一代就会健康成长（这是树冠层面的横向连接）。

能量都是互相影响的。当身体能量出现问题，比如一个人肾虚的时候，灵性层面会怎么样？抑郁症、内分泌失调、失眠等系统性疾病、免疫系统疾病，包括类风湿、干燥症、皮肤病，都和根（身体之树）有关系。在身体与肾有关的部位，能体现出家族系统的能量传承。一个人如果没有得到家族的能量支持，身体这个部位就是薄弱的。

5.4 增强肾经的能量

我是在农村长大的，小时候有一个现象曾让我很困惑：凡是玉米粒长得很丰满的玉米秸，到秋天就死掉了，而到秋天还没有结出棒子的玉米秸，还是碧绿的。同时播撒下的种子为什么会出现这样的情况呢？后来我才知道，因为没结棒子的玉米秸，还没完成它结果的任务。也可以这样讲，它还具备着重新创造下一代的力量。人类也是如此。只要让我们传宗接代的能力延续更长时间，我们就能延长生命的周期。也就是说，能让肾精充裕，保持旺盛状态，就能让寿命延长。我曾治过一个八十多岁的老人，当我把他的这个地方（肾对应的前后部位）梳理通畅，恢复他的肾精活力后，他又重新恢复了生殖功能，头发变黑，心血管变得有弹性，血压不高了，腿不再浮肿了。肾储存着我们所有的生命力，是生命的宝库。

中医的观点，肾的原阴和原阳是先天带来的，很难补充。我认为在某种程度上，原阴和原阳是可以在后天补充的，这就像电动车的电池，是可以重新充电的。在身体当中，肝肾同源，肝经和肾经都是包绕生殖器上行。肝经络于胆，肾经络于膀胱，木水在一起。肾是大地水分，肝扎根于水才能生长。男人的生殖器又叫筋霸，中医称为宗筋。宗筋主滑利，影响全身，使全身各组织得到濡养和滑利。

肾经如何补充？一是梳理我们的树根；还有，就是调节内脏器官。如果先天不足，那么就应该养后天。后天怎么养呢？就是通过我们的脾胃，吸收外界的水谷精微，填充我们的肾精。为什么叫"肾为先天之根，脾为后天之本"？当我们的脾胃吸收外面的水谷精微，形成精微物质，填充精气，就能延长我们的寿命。那如何填充呢？就是让我们的能量通道通畅，脾胃相合。各内脏是和谐的，肾精就能得到填充，我们的精力自然就变旺盛了，抗压能力也会增强。

从身体方面来说，练习蹲起，每天敲打自己的腹股沟，敲肾经、肝经部位，对增加我们肾能量有帮助，长期做下去，能够使我们的肾能量得到补充。

再教大家一套方法。早上起来，下床之后练吐纳。在家里练习的话要把房间的窗子打开。身体站直，两手放在身体旁边，深深地吸气，由鼻腔吸进去，吸到这个腹腔完全鼓起来，吸得越深越好，让身体的每个地方都充满氧气（随着吸气手渐渐向腹部处托起），然后，把它吐出来，吐到身体当中一点气都没有（随着吐气慢慢弯腰，尽可能弯，同时两手渐渐向后推，举起），然后再重复吸气。这样吸气呼气五分钟，可以把一夜的废气吐出来，这是第一步。

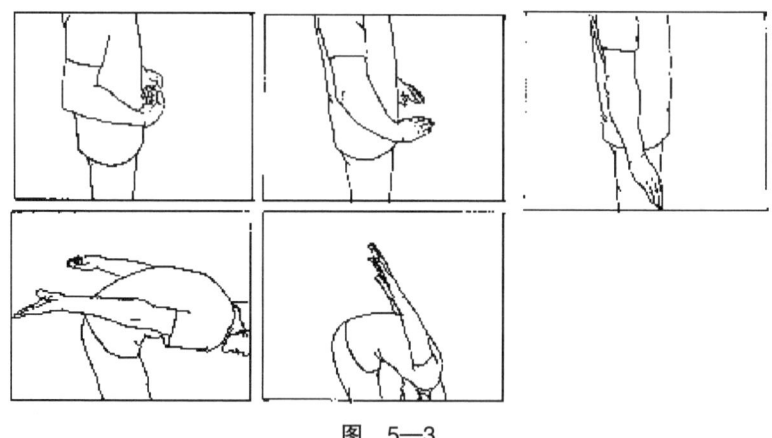

图 5—3

第二步，抻腿部韧带。练练踢腿，时间不用长，每次五分钟。踢腿有三个方向。一个方向是腿直踢，脚尖勾起尽量和小腿成45度或更小，往身体前侧直踢，各人按身体的韧带松紧程度确定幅度，腿越接近上体，韧带抻的幅度越大；另一个方向是腿往身体左侧踢，脚尖同样勾起；还有一个方向是腿往身体右侧踢，脚尖一样勾起。

第三步，练协调能力。两脚站立与肩同宽，先是右腿曲起，膝盖尽量靠近身体左侧；然后换左腿曲起，膝盖尽量靠近身体右侧。做这个练习的时候，脸部表情不要端庄，要不断地扭动，像做鬼脸一样，面部肌肉全部动起来，表情越丰富越好。在你面部表情不断变换的同时，用别人听不懂的声音发泄心里的不满。做一分钟停一下，共做六次。这会让我们有一种放松的感觉。我告诉大家，我们内心当中都或多或少有被长期压抑的部分。这部分会从潜意识里跳出来作祟，让我们有搞点破坏的冲动和想法。用这种做鬼脸、乱语的方式发泄被压抑的部分，对身体是有好处的。

第四步，身体挺直，两手交叉后抱头，做二十到三十个蹲起。做蹲起可以增强我们腿部的力量，增强肾气。

5.5　身心能量的调养

大家有没有一种体会，安睡一晚，早晨起来，人往往会感到神清气爽。这时候出门遇到什么事情，心情都比较容易保持平稳；而如果劳累一日，身体疲惫不堪，再遇到哪怕一丁点儿的事，你都容易心情起伏不定。身体和心理的能量是相互影响的。身体能量不足会造成心理能量不稳定，反过来也是一样。如果身体能量是流动的，保持身体柔软、富有弹性，身体就会是健康的；如果内心的能量是流动的，内心有爱，心理就是健康的。

有的人会问："我知道，我应该接受父母，我不应该怪我的父母，但我心里确实对父母有抱怨。"我相信，他心里确实有这个部分，如果没有这个部分，就不是一个真实的人。我也曾经有过这个部分。真实从哪里开始？真实从人真实的认知开始，从真实的感觉开始。我真的感觉到我不舒服了，我真的感觉到我父母不喜欢我，不爱我。我有情绪，那我是真实的。但我们要看清这个情绪。什么叫看清？就是明白，看到真相。这个情绪源于想要，但我没有得到。所有情绪的产生就是那么简单：我想要，但我没有得到。然而，我们要看清楚这个"要"的目的是什么，这个"要"是因为缺了什么，"要"的背后是什么。就如我们现在有一种愤怒，我们就设想站在愤怒的背后看清楚它，那里可能隐藏着一种恐惧。当然这个愤怒也同时存在。

其实，每个人都会有情绪，产生情绪的原因，不是情绪本身，而是我们对情绪的解读。比如恋爱失败，自责的人会说："是因为我不好，他才离开我。"指责的人会怨天怨地怨别人，而不看自己是不是做错了什么。逃避的人觉得情绪是不好的，而把情绪藏起来。对情绪的解读放大了情绪，从而造成情结。人纠结在情结里，身体也会形成相应的能量淤结。

我第一章讲的故事大家还记得吗？把自己孩子无意摔死了的病例。当时他第一反应是傻了，什么都不知道了，瘫在那里，这是无力感；之后他产生一个解读，"我是凶手，我杀死了我的孩子"。一年后，他胃里长了瘤。当一个人长期为一件事情纠结的时候，就产生了一个能量淤结。

情绪，要怎么去梳理它，怎么看见它？打个比喻，如果情绪就像一支笔，我抓着它的时候，就会影响我这只手去做其他的事情。因为我跟它产生了一个联结，紧紧的联结。如果我要抓它一辈子，那么我这只手一辈子也不能做其他的事，这只手就没有作用了，它就失去了其他的选择。只有当你把它放下后，才能解放手。我们抓住一个东西，就是与这个东西联结，永远跟它在一起。我们抓着一种痛苦，我们就跟痛苦产生了联结，这个联结就是让我们永远跟痛苦连在一起，我们就失去了抓住幸福的机会。我们放下痛苦，我们就自由了。梳理情绪的时候，看到它产生的原因，我们就有可能把那个东西放下。执着于一种情绪，就会得病。

我总结了一个呼吸的练习，可以帮助我们来释放情绪，与身体联结。当我们进行这个练习时，你会感觉到当我们去穿越我们整个脊椎的时候，会有莫名其妙的东西出来，那就是你的情绪，这些情绪也许我们平时根本就没有觉察到。

我们做一个和身体的联结。现在闭上眼睛放松，把所有的感觉收到我们的心里。深深地呼吸，让每一次吸气都进入身体最深的地方，然后把它轻轻地吐出来。我们再一次呼吸，让心脏得到抚慰。再给自己一个呼吸，把气吸到身体最低的地方，然后慢慢地吐出。我们去感觉进入身体的每一个部分，从身体最深的地方开始联结，让那个地方放松下来。然后我们去观察一下身体的每一节脊椎，看看那里发生过什么。

让我们的感觉从身体的最后一节脊椎开始，慢慢地上升，让身体的能量慢慢上升，走到每一节脊椎。我们发现有些事情藏在那里，也许是恐惧，也许是愤怒，我们问一问自己，那里曾发生了什么？如果妈妈就站在你面前，对着妈妈讲出来。如果你那里有委屈，就让眼泪流出来，你也可以在心里和妈妈说："妈妈，我很委屈；妈妈，我很恐惧；妈妈，我很害怕。"用一个呼吸和那里做一次联结，去抚摸它，去安慰它。我们每一个呼吸都从身体最深的地方慢慢升上来，经过脊椎的每一节到达头部，慢慢地吐出来。走到无法再往下走的地方，我们会发现能量卡在那里，我们就和那里做次联结，告诉它："我爱你。"

我们和我们身体的每一个部分做一次对话，也许它会告诉你一些事情，一些被遗忘很久的事情，就在那里。它一直提醒着你，用不同的方式提醒着你：我需要你的帮助。当我们感觉到它的时候，我们向它说一声："我知道了。"我们对所有的事情说声："谢谢你们。谢谢你们一直在提醒着我，关注着我，保护着我，从现在开始，我开始关注你们，触摸你们，和你们在一起，你们是我生命的一部分，我接受所有的一切。"我们深深地吸进一口气，去触摸我们身体的每一个部分，跟每一部分说："我爱你。"我们的一生经历了很多很多，在今天我们可以向它们说："我知道了，我接受你们的存在，我不再对抗你们，我要和你们合为一体，我会把你们放在那里，放在一个很重要的位置，感谢你们。"

我们可以想象自己回到了妈妈的肚子里，我们的营养来自妈妈的血液，我们和妈妈做一次联结，她给了我们能量，给了我们生命，给了我们爱。我们对妈妈讲："谢谢你，妈妈，我爱你。"此时我们设想爸爸就站在妈妈的身边，对爸爸讲："谢谢你，爸爸，我爱你。谢谢你们给我的一切。"

到这里，我们可以慢慢睁开眼睛了。

梳理情绪，打开情结，身体能量淤结的情况也会随之改变。再加上一些锻炼的方法，身心能量就能够得到调节。

生命是美丽的，透过我们面前的每一个生命，也包括我们自己，不断地和生命能量的源泉接触，我们会发现生命中有无数的风景，花朵可以从这里继续展开成无数的花瓣。让我们带着现在的智慧回看我们的生命历程，我们会发现过去所有的经历都是我们的资源，它在丰富着我们的人生，完善着我们的生命。所以我们回过头来，对着我们所有的过去，说："谢谢，我现在明白了。"再转过身对着我们的将来说："我是健康的，我本来就健康。我是幸福的，我本来就幸福。"

6 附 录

6.1 学员问答

学:"肖老师,我妈妈有糖尿病,血压高,腔梗,导致半身不遂,走路的时候手是抱着的,这种情况通过哪个穴位或者哪种治疗方式能够治疗?"

肖:"关于脑梗和脑出血,我说一下,我们身体当中所有的器官都有再生能力,但有一个地方是没有再生能力的,就是大脑。我们身体当中寿命最长的细胞是神经元细胞,它和我们的人体寿命一样长,一旦受损,就是不可逆的。所以说,比如脑血栓,因为相关脑部位缺氧,几年后细胞就坏死了,就会形成一些症状,那这个部位是治不好的,是不可逆的。我们能够治疗的,是身体相对应的肢体。如果肌肉紧张,韧带紧张,我们可以通过治疗让它松弛一点,但脑部的病症是永远好不了的，不可能恢复到正常。我们能做的，就是让我们气血通畅，让我们的血管永远是柔软的，不得这个病。当已经形成脑血栓了，我们可以在急性期之内通过治疗使血栓迅速溶解，重新通开，或者通过激化再通，这也是可以的。而如果血栓形成已经几年了，脑细胞坏死了，那再如何通，都没有用了。目前能够治疗的，就是通过相关部位的按摩、针灸等，提升相应部位的活动能力，适当恢复部分肢体功能。"

学："现在很多疾病是生活习惯型的，由不良生活习惯造成的，比如嗜烟、嗜酒等，这些能否治疗？你能否有办法帮助戒烟、戒酒？"

肖："戒烟戒酒，取决于这个人自己是否想戒，要是自己不想戒，就没办法。我们没办法改变别人，除非他自己想改变。"

学："肖老师，关于肾病，个人的话可以做一些什么保健？"

肖："肾病要分许多种，只是起的名字不一样，不过形成的原因都是一样的，都与劳累、久居湿地、恐惧有关。保健方法就是让他在心理上有安全感，不要劳累，更不能着凉。平时，肾病患者每天要做肾部的按摩，脚心的按摩。如果是男的，睾丸是外肾，每天揉睾丸，特别补肾。而女人，则要保健卵巢，在耻骨的两角上进行按摩。"

学："老师，我的妈妈子宫肌瘤，有什么办法能通过我的按摩给她保健治疗？"

肖："就是按摩她的耻骨，是转着圈儿地揉，子宫肌瘤和臀部有关系，着重在她的臀部，就是上臀部外侧，转着圈儿地揉。"

学："女性更年期，如何保健？"

肖："保健卵巢。保健卵巢能抗衰老，延长寿命。人的衰老，就是人的生殖力减退了，生殖功能保持年轻，你的身体就会年轻。"

学："那我再问一下，保健卵巢，是耻骨，还是耻骨的两个角？"

肖："全要揉，而耻骨的两个角，是通肾的，也通卵巢。"

学："有时间要求没有？"

肖："没有，自己揉累了就别揉了。"

学："我问一下关于眼底黄斑的问题。我先生的眼底黄斑有点变性，请问老师眼底这个部位如何保健？如何治疗？还有，现在高脂血症比较多，这个有什么保健或者治疗方法？"

肖："关于眼底黄斑变性，病因尚不明，多认为与视网膜色素上皮长时间吞噬，从视神经脱落的外节盘膜消化排泄脂褐质，使之形成玻璃膜疣有关。本病是西方常见的致盲眼病，我国发病率也在逐年增高。我治过不少眼病，曾在北京治过一位，他说他得的是带状角膜病变眼病，后来失明了。我开始治的时候，发现怎么治都没用，后来我让他脱了衣服给我看，在他的会阴穴上，烂了个洞，透脓了，我就问他这个洞有多少年了，他说，眼疾多少年，这个洞多少年。后来我开始揉他的肛门、会阴这些地方，这个洞的炎症就慢慢消失了，后来他的眼睛就复明了。所以我们的眼睛，其实和我们的会阴部有关系。"

学："那青光眼差不多吗？"

肖："是的。都和肾有关系。我还治疗过一个新加坡的病人，视网膜脱落。我就发现，正常人的会阴部位是丰满的，但他的能塞进一个拳头。为什么呢？是因为这个部位萎缩了，所以，他的眼神经就萎缩了。另外，青光眼，是一种严重危害我们视功能的常见的致盲眼病，这种疾病现在已经成为我国主要的致盲眼病之一。这类病人的后背肩胛骨都是坚硬的，特别坚硬，和患有甲状腺疾病的差不多，而且后背肩胛骨部分是隆起的，比高血压的还要坚硬，所以，会影响眼底的循环，使眼压增高，角膜水肿。"

学："那把这个坚硬揉开了就好了？"

肖："对。还有会阴部也要调理。"

学："那在饮食上要注意什么？"

肖："起居饮食，有规律就好，其实我们没有必要都吃素，我们身体也需要动物油脂，经现代科学研究，长期吃素的人，更容易血管硬化，所以，我们只要饮食搭配合理就可以了。我们人是杂食动物，缺什么都不好。"

学："好的。我有一同事，说冬天要吃寒食，所以他的饭永远是凉的。"

　　肖："其实，我们中国人的体质，喜温。"

　　学："关于肥胖，有没有什么按摩或其他治疗方法？"

　　肖："肥胖，补脾是最好的，补脾就是减肥。"

　　学："现在好多人因为不良生活习惯，比如吸烟，导致了慢性肺炎，慢阻肺，这个特别影响寿命，而且这类人肺、脾、肾都是虚的，对此应该怎么办？"

　　肖："先补肾，肺为金，肾为水，金生水，水回来养金。其实，慢阻肺，和肾水较少有关，属于阴虚，当肾阴补上后，再养这个金，这个肺热才会减少，等肺的濡养增加了，这个慢阻就会恢复。"

　　学："那我们该如何做呢？"

　　肖："在后背上，找到最坚硬的地方，把它揉开了，肺就能好。"

　　学："那这个肺好了，肾呢？"

　　肖："等这个肺好了，让他把这个肾啊，总补一下，包括推后背、揉肚子，然后练一些功法，打打坐，练练太极，都有好处。其实，治疗、运动、修身养性，缺一不可。还有，多学传统文化，就能养生。"

　　学："我在平时的生活中，一有事情，就会情绪波动，晚上的睡眠就不好，我想问有什么办法能让睡眠改善，睡眠质量提高。"

肖:"其实,改善睡眠质量,就是补肾。很多人睡眠不好,神经衰弱,大家都认为是大脑的问题,而实际是和肾有关。所以,你要锻炼你的腰。"

学:"肖老师,现在儿童弱视特别多,这是什么原因?有没有什么好办法治疗这个病?"

肖:"儿童弱视有很多种,一种是生下来就有弱视的,要戴眼镜矫正的,其实就是在胎儿期视神经没有发育好,要经过以后的矫正,或者长期锻炼。有的要多看电视、电脑,有的要不看电脑、电视,各种情况是不一样的。而如果是在胎儿期没有发育好,那就多做脊背的按摩,对他的视神经的恢复是有作用的。但是,恢复到什么程度是不确定的。"

学:"老师,我总是崴脚,而且就崴这只脚,我虽然走路很小心了,但就是经常崴这一只脚。"

肖:"我明白了,我回答这个问题。这是个生活常识。我们崴脚,我们认为是崴在这个地方(脚踝),这个地方会疼,崴完后这个地方会有个包,是不是?然而,任何一个韧带,都是连贯性的。脚踝处的韧带是和我们的大胯连着的,我们崴完脚后,医院会给你复位,这个复位只管这个地方(脚踝)。在我们崴脚的时候,抻的是哪个韧带啊?抻的是整个韧带(整条腿的外侧,一直到胯部)。如果你崴了脚,你的大胯就都抻伤了,整条韧带就会在这里有个聚结点（从大胯处一直往下），你脚踝的拉力就没有了，并且会在脚踝处聚结一个东西（一个包）。如果要想让这里的拉力恢复，你就需要让你的家人在你大胯的地方，找到你的这个韧带，用手肘按住以后拨几下，你以后就不容易崴脚了。

我和大家说一个保健方法。我们人体其实很奇妙，人体有很多的骨关节，形成圆轴，包括膝关节、大胯的股骨头、肩肘，这三个大圆轴。大家注意，如果得肩肘炎，就是肩肘部分供氧量减少，循环受阻，那就需要揉大胯的这个圆轴，方能治疗肩肘的这个圆轴，而如果大胯部分的圆轴出问题了，就需要揉膝关节的这个圆轴，方能治疗上面这个圆轴。所以，所有的圆轴都是连着的。"

学："我想问一下红斑狼疮和牛皮癣的问题。"

肖："目前为止，红斑狼疮、牛皮癣，还有干燥症、类风湿，这都属于不治之症，是待攻克的医学难题。这些问题，属于内分泌失调，免疫功能下降，是系统性的疾病，这几种疾病都有互通性。

这类疾病是我正在研究的领域，我也总结了一些经验和有效的手法。目前我还未治疗过红斑狼疮的病例，而牛皮癣、干燥综合征、类风湿疾病我都有接触。前一阶段，我刚治好了两例干燥综合征，其症状和类风湿非常相似，医院给他们服用的药也是相同的。中医会说他的肾阳不足。阳气，就是巨阳经不畅。后来，在我做治疗的时候，我一直在矛盾，是肾阳不足，还是肾阴不足？我们知道，这类疾病，都是典型的结缔组织病变，都是免疫力下降，与激素水平改变有关，是系统性的疾病。然而，这类疾病，现代的方法就是用激素治疗。我发现，牛皮癣、类风湿、干燥综合征这几类疾病，起初都与生理着凉有关系（指整个下半身的部位），都是从肾经上引起的，导致整个生命力下降，免疫能力下降。在中医里，生理部位被称为宗筋，它主滑利，影响全身的经脉。所以我治疗这几种疾病，就是通过疏通患者的生理神经，梳通他所有的生理神经。

怎么治愈的呢？很复杂，现在我还在探讨当中。我认为是肾阳不足，巨阳经不通。巨阳经就像太阳一样，它是阳光，阳光照射大地，照射大海，水雾蒸腾，才能形成云雨。当阳光不足的时候，下面的水分不能蒸腾形成云，它就不能去滋养我们的全身。于是，我们就得了干燥症。类风湿关节炎是结缔组织挛缩、变形，缺乏营养，这个营养是精微物质，所以，关节才会肿，才会形成炎症。这种炎症，不是真正的有菌性炎症，是无菌性炎症。

我曾试着给我的一个得类风湿性疾病的患者通巨阳经，我想观察通他的巨阳经是否有效果。我单纯治这个地方的时候，发现没有效果。于是我就想到，通他的肾经，一通肾经，发现效果非常好。

还有一个得了二十年类风湿的患者，初次她女儿来我这里咨询时跟我说，她妈妈年轻的时候非常漂亮。我刚见到她的时候，绝对不相信。她有近100公斤的体重，脸都变形了，骨骼也全都变形了。去年，我用同样的治疗手法，用了一年的时间给她做治疗，使她所有的关节恢复了正常。在治疗的过程当中，我教了她女儿方法，她不方便来我这里的时候，她女儿就给她做，天天做。上半个月，她妈妈的情绪终于出来了，整整哭了3天，就是在按揉她这个巨阳经的时候，她的情绪完全被突破出来了，而且她妈妈由原来180斤的体重降至110斤了。现在完全康复了。

她的治疗效果给了我信心：这个病，是能够治愈的。还有，得这几种病的人，有同样一种情绪，压力过大、委屈、承担，在治疗过程当中要充分宣泄以往的情绪。"

学："我爸爸晚上要干咳，声音特别大。"

肖："你爸爸很愤怒。"

学："那这个处理顺序如何？"

肖："要先揉上面（后背部肝区对应的地方），再揉下面（腹股沟和耻骨）。上面揉的时间短，下面揉的时间长。大概时间是这样，上面揉十分钟，下面揉四十分钟。"

学："还有，我妈五十余岁，老是觉得肚子胀，然后里面也热，感觉整个皮肤都是热的，难受得不得了。她总说身上有低温，用体温表却量不出来。"

肖："那个和她的更年期产生的反应有关系，和她的激素有关系。"

学:"那这个怎么治呢?"

肖:"这个就需要调整她的骶骨和腰,还有腹股沟。慢慢地调整过来,就有可能缓解。而且和八髎穴有关。每天都揉这些地方,就能好。"

学:"老师,我老公神经性耳聋怎么治?就是因为他工作压力比较大,他的合作伙伴走了,他一个人支撑下来,很累。"

肖:"肝开窍于目,肾开窍于耳,明白了吗?耳朵的问题在肾经上。按揉疏通他的肾经部位就能治疗神经性耳聋。"

学:"我父亲有支气管炎,在秋冬两季特别容易咳嗽。"

肖:"如果在秋冬两季,他得的是寒症,是在冬天得的。他吐的痰是什么颜色?"

学:"黄色和白色。"

肖:"黄白相间,这是由寒火造成的。因为你父亲不在这里,所以我给的意见可能不准确。我目前能给的意见是,温暖肾经,打开肺经。就是让他没事揉揉大腿内侧,还有就是颈椎下面,肩颈部位。"

学:"我也想问一个关于我父亲的问题,他睡觉打呼噜,特别厉害。我妈妈都受不了了。能有办法缓解吗?"

肖(开玩笑地说):"你爸要是不打呼噜了,你妈该睡不着了！"

学："没事的时候，揉揉脖颈处，就是阳明经。"

学："和五脏中的哪个有关系呢？"

肖："和胃有关。"

学："谢谢！"

学："老师，我想问一个关于痛风的问题。"

肖："痛风，在西医中讲，是内分泌系统疾病，是蛋白质嘌呤代谢障碍，其实就是内分泌失调，调整他的内分泌，就能改变，而且能完全好。如果他正疼的时候，用我们的方法治疗，能立刻减轻，也能去根。就是在他臀部这里，通八髎穴，他的疼痛就能减轻。其实，这些老板得病的原因就是饮食结构不好。每天吃的高蛋白、高脂肪、高能量的东西太多，影响了'收支平衡'。'收支平衡'大家知道吗？就是吃进去的，和要排出来的，要平衡。你得到的，和要给予的，是要平衡的。收支平衡，在哪里都要平衡，我们的身体也要收支平衡。有了钱了，发了财了，要不要多吃点、多享受？于是就吃、喝。其实很多的病是吃出来的。吃高能量的东西、高营养的东西，你受不了的。我们的身体是吃什么长大的？五谷杂粮。最平淡的食品，是养人的。如果让你天天吃生猛海鲜，你肯定要生病。每天喝点粥，熬点白菜汤，是很养生的。春天的时候，熬点豆粥，五谷杂粮粥，都是很养生的。中医讲，'以五谷为养，五菜为充，五畜为益，五果为助'。我们是不需要太多蛋白质的，适量即可。"

学："老师，我有一个问题，睡觉醒了之后动不了是怎么回事？"

肖："这样的人经常感觉睡觉被压住动不了，然后觉得醒来，哪都动不了。这样的人常常供血不足，而且人生当中有很多的无奈。然而这样的人还有一个特点，她很坚强，也很清晰，她知道她要什么，不要什么，但是她选择的总是她不要的。是这样吗？在探索他们人生的时候，我发现他们跟自己父亲的关系不好。你问过他吗？你回去问问他。他的父亲在他看来是一个恶魔。这是一个规律。如果我们遇到这样的个案，首先要通他的心脏，然后建立一个联结，追溯他的人生，找到他跟父亲的联结。我跟大家讲过父亲的能量代表的是安全，温暖，温煦，明亮。当我们缺失那部分的时候，我们的选择，潜意识的选择，是负性的、不幸的、无奈的东西。"

学："我在三岁前被送走，二十多岁一直会睡压，我爱人也是这样的，我发现他睡觉总是把手放在胸口。我公公得了肝腹水，身体很好，饭量是我们三口人的量，但腹水总是消退不了。"

肖："在你十八岁的时候，你对你父亲的印象是什么样的？你选择了一个像你父亲的人，是吗？你爱人手放在胸口，因为那里有一个缺失。心代表什么？火。火又代表谁？父亲。

你可以帮助他，让他把对父亲所有的愤怒表达出来，然后接纳父亲。你公公因为愤怒，所以得了肝病。其实身体得了疾病是在保护自己，因为肝炎得到充分发泄，他就把原来的愤怒泄掉了。泄掉之后它去了脾土，进入他的脾胃，形成腹水，如果这个腹水再泄掉，他的病就好了。

疾病代表什么？我们看到的是一个人、一种环境、一个系统、一个家族系统。"

学："我老公脚疼，疼了二十多年了，关节炎，右脚。他特别胖，后来得了糖尿病，他父亲得了脑血栓。是不是得关节炎吃激素引发了糖尿病？"

肖："不一定，吃激素是为了控制症状，但吃激素引起了内分泌失调，可能对糖尿病产生间接的影响。其实那个'疼'是个事件。我们避开了那个事件选择了别的方式，我们避免了痛苦，选择了别的方式，用激素切断了那个痛苦。那这个痛苦会转移到哪里去呢？转移到委屈的情绪，委屈的情绪也能引起内分泌失调，也可能引起糖尿病。"

学："我的膝盖总疼。"

肖："你的膝盖疼是愤怒。你经常有愤怒？我教你一个方法，'啊——'大声叫出来。用你的脚踝。你不敢？因为你现在愤怒少了？把拳头攥紧了，把愤怒喊出来。膝盖疼跟愤怒有关系。当然也跟风湿有关系，不完全是愤怒，如果夏天吹空调，冬天不穿衣服，膝盖肯定疼。膝盖疼跟风有关系。肝在天为风，在志为怒，在身体为筋，膝为筋之府。找出联系了吧？为什么招风膝盖会疼呢？风入肝，调肝治疗膝盖。常言说'气生寒，怒伤肝'，所以长期愤怒会引起筋痛。老人家膝盖疼是愤怒吗？如果膝盖和每个地方都疼，就会有愤怒。如果他只是膝盖疼，有可能是退行性病变。"

学："我自己有一种疾病，痔疮，直肠出血，已经有十年时间了。原来痔疮复发，严重时持续几个月的时间，便血连续一两个星期，量比较多，这时我就会有贫血的症状，医院说有痔核。"

肖："我们俗称的痔疮就是医学里讲的痔。大家都知道'十人九痔'，就是说痔疮发病率高，是常见病，成年居多，大多数人随年龄的增长会慢慢加重。从西医角度讲，痔是直肠黏膜下和肛管皮肤下直肠静脉丛瘀血、扩张和屈曲而形成的柔软静脉团。有习惯性便秘、长时间站立或经常坐着不爱运动的、前列腺肥大的，还有先天性的静脉壁弹性不足，一遇到腹压增高的情况就会发生痔静脉丛曲张，形成痔结节。痔有内痔、外痔、混合痔。一般我们说内痔不疼外痔疼，内痔在前期，痔结节较小的时候，排便时带鲜血，不与大便相混；还有一种混合痔，也有人叫'花圈痔'，出血较多，容易得贫血，这是痔发展的严重阶段。最近有医生研究了一种治痔疮的方法，就是用针灸，刺激八髎穴，直肠就不再出血了。你得的应该是混合痔，也就是（腰下部）神经不再通畅，形成了板结。这也是一个现象。一般长痔疮的人容易气虚，气不固血，跟肺有关系。你能说一下你的肺吗？"

学："我从八九岁就开始咳嗽，咳嗽到我二十一岁，大学毕业，才开始停止。每一年肯定是有两个季度在咳嗽，咳到吐血丝。吐血丝的时候晚上是不能睡觉的。"

肖："所以治痔疮是要补肺。在中医里要补肺，在我们的能量疗法当中，它有一个事件，忧伤。这个忧伤的事件在影响着你，是这样吗？这是我们的分析过程：痔疮→气虚→肺→咳→忧伤。治疗便秘，每天揉自己的肚子就管用。还有每天搓腰的时候搓到八髎穴下面就能通便。还有洗肛门。每天洗澡把肛门边洗干净，然后按肛门边，很疼。你按完之后鼻子不通就能通，这里是排毒的地方。有痔不在年高，无痔能活百岁。有痔疮的人经常洗肛门里面，痔疮会好。经常洗，促使里面循环，不易生病，不易上火。"

学："黄褐斑怎么治？另外我的腿肚子总是很疼。"

肖："人长黄褐斑跟妇科、生理有关系，是毒素排不出去。经常洗肛门能排毒，脸色慢慢会变好。腿肚子很疼的女性，子宫可能有肌瘤。经常踢腿肚子有治疗作用。如果有深层静脉曲张，腿肚子就会很胀，是里面血液循环不好。这样的人每天踢踢腿肚子，揉后腰，都管用。腿肚子的血脉大都在八髎穴上。"

6.2 身心全息疗法简介

肖然老师自幼习武，并在继承祖传中医的基础之上，系统地学习了西医和中医。经过二十五年的探索和发展，对人体、健康和疾病形成了一套新的观点和看法。他把心理治疗和以往的身体治疗技术融合在一起，开创了一种全新的身心治疗方法——身心全息疗法。

该疗法对腰间盘突出症、腰颈椎增生、骨质增生、风湿、类风湿、自主神经功能紊乱、心律失常、高血压、慢性胃炎、胃及十二指肠溃疡，内分泌失调引起的肥胖、黄褐斑、乳腺增生、子宫肌瘤、卵巢囊肿、更年期综合征，失眠等，都有很好的效果。

这种治疗方法还适用于由于心理压力过大或严重的心理创伤而导致的各种生理功能紊乱和失调，特别是长期从事心理咨询、心理治疗工作或其他工作所导致的负性情绪积累、身心失调，包括由于工作压力过大导致的职业枯竭（心理倦怠）等症状。

目前受益于这种调理方法的海内外患者达十万余人。

6.2.1 什么是身心全息疗法？

身心全息疗法，融合了东方传统文化、东西方哲学、医学和心理学的整体健康理念，以中国传统医学的整体系统论为灵魂，以现代科学的方式为指导，是带领我们认识生命本质，探索生命真相的全息科学，同时也是一种从身体和心理双管齐下，以生物全息的视角，找到问题根源、疏通并调整能量通道和系统，激活个体自愈本能并提升能量的方法。其核心思想是：疾病是自己的功课，痊愈是生命的本能，信念是改变的动力。

身心全息疗法的基础，在于系统地去看待生命，用生命的系统论去看待疾病。从疾病的背后找到真相，然后解决问题。阿德勒认为，病症不过是用来解决问题的错误手段。当真相被发现，疾病便会失去它存在的价值。

万物皆能量，天地云海、山川河流、风雨雷电……各种不同的物质只是能量的不同显现、不同转换、不同影响的结果。生命也是如此。

从能量的角度解读身体，你会发现，能量源源不断地流动、循环，在人体内起着主动调节和改善机体各系统、组织、细胞功能的作用，并在这些系统、组织、细胞功能出现障碍时，促进其进行自我修复，恢复正常生理功能。任何患病的地方，只要改善患病部位人体能量的流动，这股流动的能量就能使该患病部位的生理功能自行恢复正常。因为机体本身就有自愈能力，能量对组织产生的效果就是这种自愈能力的一种体现。能量可以自动调整和改善该处组织的生理功能，使其达到最佳状态。

机体患病一定是发生在患病部位的能量被阻塞之后。因此，只要让被阻塞的能量通道恢复通畅，能量顺畅流动，重新到达患病部位，就会发挥自主调节、控制、改善的作用，使该部位的生理功能恢复正常，疾病也就自然得到治愈。

6.2.2 身心全息疗法形成的四个阶段

第一阶段：传统中医学习

从18岁开始，肖然开始跟随自己的舅舅学习家族传承的中医按摩和针灸治疗。他治疗的第一位病人是一位椎间盘突出病人，通过几次简单的治疗，就把困扰患者很长时间的疾病彻底治愈了。在成功治愈了多种疑难杂症后，肖然对按摩治疗技术的信心大增，学习的兴趣也愈发浓厚起来。

第二阶段：西医学习

随着时间的推移，虽然获得治愈的病人越来越多，但肖然开始有了困惑：人到底为什么会生病？为什么目前有这么多先进的医疗手段，却仍然有很多的疾病不能得到彻底的治愈？这背后的原因是什么？

于是他一边继续通过传统中医按摩治疗各类病症，一边开始逐步学习西医理论。他进入当地的医学院校，系统地了解和学习了西医理论，并在之后去当地医院工作了一段时间。但是，肖然发现，西医也并没有教给他一个清晰的理论体系来解释自己遇到的问题。

第三阶段：肖然人体能量系统理论的探索和实践

在系统地学习了西医和中医的各方理论之后，肖然开始逐步将各类理论融入到自己的推拿治疗过程中。对于自己在按摩治疗过程中发现的一些问题，不再单纯地依赖某一个孤立的理论，而是通过融会贯通，深刻理解病症的起因、治疗和治愈，逐步探索出一条自己的道路。

随着时间的推移和案例的积累，肖然对于人体运行的深层规律，对人体、健康和疾病形成了越来越清晰的观点和看法。依据这些观点和看法，肖然逐渐形成了一种以人体能量系统理论为核心，从能量流动的角度来看待疾病的形成和消解，并依照局部和整体相互作用的方式，制订出治疗策略的治疗体系，这就是肖然能量疗法体系。

第四阶段：身心能量整合

为什么有一些病人在身体康复若干年之后会重新得同样的病症？为什么在身体得到治疗之后，有些患者的生活却更加痛苦了？什么是真正的健康？

在多年的临床治疗中，肖然深刻地体会到，病由心生。疾病的产生跟患者的个性特质、生活方式、处事模式、家庭环境、社会背景、自然环境密切相关，尤其是心理因素对疾病的影响非常大。身心能量是交互作用的。如果单纯解决身体层面的问题，不改变患者对健康的认识，不促使其在日常生活中采用良好的生活方式，那么就不能真正达到根治疾病的目的。只有从身心两方面着手，让患者成为自己的医生，健康才是真正有保证的。

在人体能量系统理论的指导下，结合心理能量的疏导，身心全息疗法的理论和技术最终形成了比较完整的体系。

6.2.3 身心全息治疗的特点

● **身心全息治疗的过程是一个与身体对话的过程**

在身心全息治疗中，需要身心沟通师采用一定的手法和语言沟通方式，把能量阻塞的部位疏通开。也就是把能量阻塞后出现的结节、包块经过按摩后，使其变成柔软、具有弹性的正常组织，从而形成一个通畅的能量通道，使能量可以正常地流动到人体内的各个器官，这样能量就恢复了自然的流动。

当能量可以自然地流动，并正常供给器官之后，器官就可以自行修复损伤，人体也就可以自行恢复健康。

● **身心全息治疗的过程也是一个梳理人生经历的过程**

身体是智慧的，它记载着我们一生的经历。一种疾病和疼痛的背后往往隐藏着一段经历或是一个事件。我们生命能量的一部分就停滞在那个时刻。当进行身体治疗时，就是重新梳理人生，与生命做深层对话的过程。往往当我们看见了生命的真相后，改变也就发生了。

6.2.4　身心全息治疗的常见反应及一般处理方法

排寒反应。在治疗时最常见的是寒气会从脚心排出，脚会变得冰冷，这时只需要保温就够了，不能热水泡脚，会造成寒气回冲，影响治疗效果。

治疗时会有排毒、排病、气冲病灶的反应，如腹泻、发烧、吐痰、流鼻涕等，不要担心，这是好转和疗愈的过程。

治疗时会有一些疼痛反应，一般前三天明显，三天后会自动消失。放松自己，减少抵抗的情绪和紧张，会感觉到疼痛减轻。

治疗时会有充血现象。如下肢长期循环不畅，小的毛细血管会萎缩变小。当我们突然加大了供血量，这些萎缩变小的毛细血管有一部分会被冲破，从而造成皮下充血，形成淤紫现象，当气血完全通畅之后淤紫会被身体自行吸收。所以，出现这种现象时不必紧张。

有时治疗过程中还会有便血和尿血的情况发生，或月经经期提前、经量增加或减少，这都是治疗时的正常反应，要及时与治疗师沟通。

治疗中有时会由于肾结石的排除造成腰痛，痛后也会自行恢复。